참 좋은 당신

이 시집을

____________________님께

드립니다.

____

해와달문학관

내 생각과

말과 행위가

언제나

당신 마음에

들게 하소서!

○남이섬에서

○독도에서

○박근혜 대통령 후보시절(방송국에서)

○남편 칠순

○필리핀에서

○백일장 장원상(남편과 광진구청장)

○가족사진

○김수환 추기경과 남편　○필리핀에서　○나포리에서

○대모들과 추기경님　○프랑스에서　○이스라엘 베다신부님과

○영덕에서　○광진구 여성백일장　○소양강에서 배를 타고

○손자손녀가 추기경님께 세배드리고　○표창장을 받고 추기경 주교님

○민속촌에서 ○ 삽교천에서 ○ 홍천에서

○막내동생과 부산에서 ○뉴질랜드 ○프랑스

○이스라엘에서 수도신부님과 함께

○이스라엘 성지순례 자매님과 함께

○설악동에서 ○이태리에서 ○태국에서

○설악산에서 ○한국 악세사리 가게 ○춘천에서

○태국에서

○ 프랑스

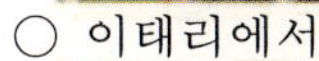

○ 이태리에서

○이태리 베드로성당 ○프랑스 ○루드에서 주교,신부님을 만남

○추기경님과 손자 손녀

○남편과 추기경님과 주교님

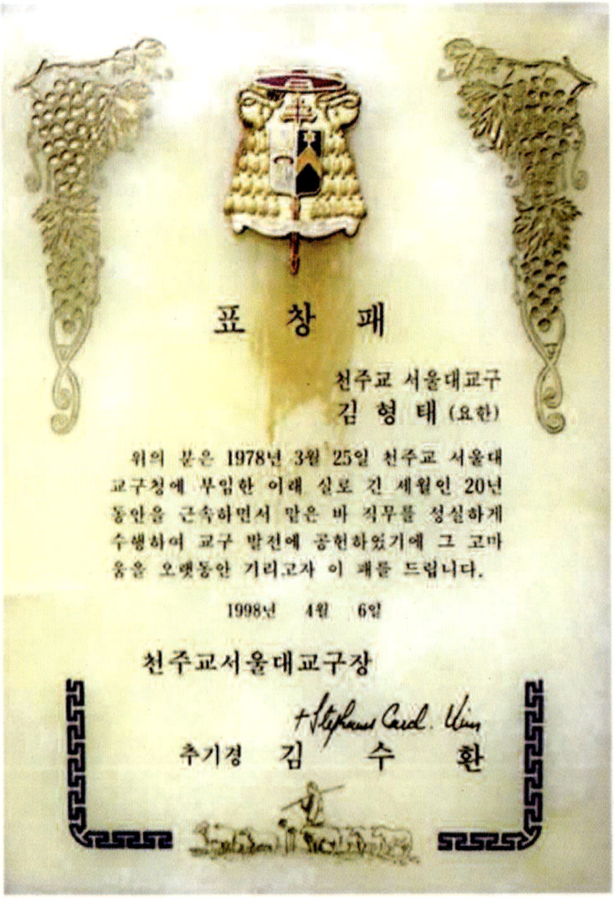

표 창 패

천주교 서울대교구
김 형 태 (요한)

위의 분은 1978년 3월 25일 천주교 서울대교구청에 부임한 이래 실로 긴 세월인 20년 동안을 근속하면서 맡은 바 직무를 성실하게 수행하여 교구 발전에 공헌하였기에 그 고마움을 오랫동안 기리고자 이 패를 드립니다.

1998년 4월 6일

천주교서울대교구장

+Stephanus Card. Kim

추기경 김 수 환

김요한 과장에게

늦게야 알게 되어 인사도 늦어졌네.

진심으로 칠순 고희를 축하하네

주님의 은총 속에 영육간 건강하고

가정이 평화로 행복을 누리기를 비네.

2007. 6. 5.

김수환

표 창 패

관리과 김형태 (요한)

위 분은 1978년 3월 25일 천주교 서울대교구청에 부임한 이래 실로 긴 세월인 25년동안 근속하면서 자신의 맡은바 소임을 성실하게 수행하여 교구 발전에 공헌하였기에 그 고마움을 오랫동안 기리고자 이 패를 드립니다.

2003년 9월 1일

천주교 서울대교구장
대주교 정 진 석

감 사 패

관리과 김 형 태 요한

위 분은 1978년 3월 25일 천주교 서울대교구청에 부임하여 31년 동안 근속하면서 자신의 맡은바 소임을 성실하게 수행하여 교구 발전에 공헌하였기에 그 고마움을 오랫동안 기리고자 정년퇴임을 즈음하여 감사의 마음을 담아 이 패를 드립니다.

2009년 4월 30일

천주교 서울대교구장
추기경 정 진 석

저자의 말

우리의 만남은

그이와 나는 충남 당진읍 합덕이란 고향에서 태어나 유년시절을 함께 보냈었다.

그는 부잣집 막내아들이었고 나는 소박한 부모님 슬하에 여덟 형제 중 맏딸로 태어났다.

한 이웃에서 서로 자고새면 함께 초등학교 일년 선후배로 유년시절을 살아왔다.

봄이면 뻐꾹새가 울고 두견새가 울어주던 평화로운 마을에 살던 그 어린 시절 우리에게 시련이 있었다.

일본제국주의와 6.25 한국전쟁을 겪었다.

그이는 육학년 나는 오학년이었다.

그이는 비가 오고 눈이 오면 머슴살이 아저씨가 교문 앞에서 대기하고 섰다가 우산을 씌워가며 자전거에 태워갔다.

나는 그와 반대로 우산은커녕 비료부대를 귀나게 접어서 머리와 등허리만 가리고 검은 고무신에 물이 들어와 찌걱거리며 반기는 이도 없는 집에 들어서면 일을 해야 하고 많은 동생들부터 돌봐주어야 한다는 책임감에 늘 불안한 삶이었다.

우리는 이렇게 서로가 살아온 환경이 너무나 다르다.

우리 마을은 육백 호가 살며 온 마을주민이 천주교 신자였다. 지금도 우리 성당은 높은 자리에

우뚝 솟아오르고 역사가 깊은 성당이 있다. 성직자 수도자도 전국에서 제일 많이 나온 은총 받은 고향이다.

초여름이면 매미우는 소리가 느티나무에서 울려 퍼지고, 초가지붕에는 청초하게 피어오른 박꽃이 이채로웠다. 아침 해살에 하얗게 피어난 박꽃은 이슬을 머금고 방긋이 미소를 짓게 한다. 마당가에는 칸나꽃이 붉게 타오르고 오월이면 아카시아 꽃이 후드러지게 피어버린 향그러움에 아름다운 고향의 향수가 지금도 하얗게 피어나 눈송이처럼 흩날리는 듯이 선하게 그리워진다.

높은 성당 종각에서 12시 종소리가 울려 퍼지면 그 모든 이들이 두 손을 멈추고 합장하며 삼종기도를 올리는 소박한 마을이었다.

그대의 집은 김회장님 댁이라 불렀다. 그 댁 어르신이 학교 교장을 하시고 성당에서 총회장님을 하셨기 때문에 회장님댁이라 하면 그 마을 사람들은 다 알아본다.

그 집안 자손들은 초등학교만 졸업하면 모두 서울로 보내고 방학이 되면 머슴살이 아저씨들이 마중 나가서 한양에서 오는 버스를 기대리다가 가방들을 받아들고 함께 들어간다. 김회장님 자제분들이 왔다고.

겨울에는 엿을 고와서 이웃과 함께 나누며 모두들 즐거움을 나누며 여름방학에는 옥수수를 전부 따서 큰 가마솥에 쪄서 이웃과 함께 나누는 풍요로움을 베풀며 살았다.

그이와 나는 성장과정이 다르고 그 모든 삶이

전혀 다르게 살아왔다. 그러나 단 한 번도 잘난 척 있는 척을 하지 않아 겸허한 자세가 우리 부부간에도 행복을 가져다 준 것이라고 떠오른다.

늘 내 말을 소중히 들어 주는 것은 그 사람의 참 좋은 생활이었다.

고등학교 때의 그 세월이 떠오른다. 그이가 동성고등학교 때, 방학이 되어 고향에서 만나게 되었다. 나는 평택여상에서 내려와 서로 성당에서 마주치면 왠지 모르게 서로 쳐다보지 못하고 얼굴이 붉어지며 수줍은 얼굴이었다. 서로 마찬가지였다.

성인이 된 후 그와의 첫 만남은 그 어느 해 성탄 이브였다.

큰 남동생이 고향에 선배 형하고 명동성당에서 성탄절 밤 미사를 하고 함께 누나를 찾아 갈 테니 그 형이 너무나 나에게 잘해주어서 고맙다고 누나가 성탄 선물을 준비해달라는 부탁이 왔다. 그리하여 나는 가죽 손장갑을 포장하고 있었다. 명동에 지금 교구청 자리, 조인환 신부님께서 쉬고 계신 사제집이었다. 단층 기와집이었다. 동생과 함께 찾아와 나는 쑥스러워서 겨우 메리크리스마스로 인사를 하고 맞아드리는데 그이가 말을 건넨다. 성탄절인데 맛있는 거 없느냐 하며 싱긋이 웃는다.

나는 미안한 마음에 다과와 차를 대접하고 헤어졌다.

그 이튿 날 전화가 걸려 왔다.

크리스마스 선물을 받았으니 나도 갚아야 한다

며 청다방으로 나오라 한다. 만나서 따스한 커피 한 잔 얻어먹고 나오려는데 양장점으로 끌고 들어간다. 그가 내게 따스한 원단으로 곤색 코트를 맞춰준다. 큰 선물을 받고 미안한 생각뿐이다. 그렇게 성인이 되어 첫 만남으로 전화를 매일 걸어오다시피 한다.

나는 그 당시 몸과 마음이 아파서 샬뜨르 수도원에서 나와 방황하던 때였다.

마음을 잡지 못하고 결국은 수도원에서 종신서원 앞두고 퇴원해버렸다. 일 년 이년 삼년 이렇게 살고 있는데 결국은 1970년도에 5월 8일 어버이날, 천호동 성당에서 조인환 신부님 주례로 결혼식을 올리고 우리 부부는 열심히 앞만 보고 살아왔다.

예쁜 딸, 셋을 열심히 열 아들 부럽지 않게 가르치고 길러서 저희들 나름대로 열심히 살아가고 있음을 우리 부부는 늘 감사드리며 살아왔다.

남편으로서 아빠로서 가장으로 최선을 다하다 그만 한 많은 세상을 떠나시니 너무나 하늘이 무너지고 땅이 꺼지는 듯이 아파서 너무 그리워서 보고 싶어서 오늘도 그가 남기고 간 흔적들이 가슴앓이로 찢어지는 아픔에 눈이 시리도록 보고파서 이렇게 당신을 그리다가 평생을 잊을 수 없는 그 말은 아직도 이 가슴에 젖어들어 눈시울을 적시게 한다.

늘 언제나 당신은 조용한 성품으로 가족을 이끌며 한 평생을 참 미안해. 참 고마워. 그 말만 가슴에 남겼다.

떠나던 그 날도 정 추기경님께서 찾아오시어 병실에서 마지막 성사를 주시며 이 사람아 왜 나보다 먼저 하느님께 가려나 내가 먼저 가야하지 순서가 바뀌었냐고 하시자 두 눈에서 눈물을 흘리던 그 모습은 알아듣고 흘리었는지,

추기경님께서 병실을 나오셔 엘리베이터를 타고 떠나시자 30분 만에 두 줄기 눈물로 한 많은 이 세상을 떠나시니, 통곡소리 속에서 영원히 머나먼 하느님 나라로 2015년 7월 15일 오후 6시경에 떠나는 당신의 거룩한 삶

한 평생을 남에게 거치른 소리 없이 자신의 말보다 사회서나 가정에서나 다른 이의 말을 소중히 들어 주던 당신의 그 모습

오늘도 그리움에 참다못해서 소리쳐 울고 싶지만 살아있을 때에 당신의 조용한 성품에서 나오는 소리를 마음으로 들으며 가슴이 터지도록 아파도 입술을 깨물고 당신을 그리다가 따라가렵니다.

2016. 7. 15.

365일 당신만 생각하며
당신의 아내

목 차

1부 그대의 흔적

2부 하느님께 하는 질문

3부 봄 나비가 되어

4부 멋있게 보이던 그날

5부 그대 만나러 가는 날

6부 님은 머어언 곳으로

1부

그대의 흔적

마지막 숨을 거두시니

2015년 7월 15일 오후 5시경

추기경님께서
마지막 길을 가시는
기도를 올리시니
눈물을 한없이 흘린 후
마지막 숨을 거두고 떠나셨다

하늘이 무너지고 땅이 꺼지듯이
이럴 수가 한마디 말도 없이
그렇게 허무하게 떠나버리시다니
갈기갈기 찢어지는 아픔에
숨이 멎을 것 같아라

세상에 이럴 수가
너무합니다
아무리 몸부림쳐도
그의 영혼이 하느님 앞에로
영원히 이 세상을 떠나 버리셨으니

허탈한 마음

무정하게 훌쩍 떠나버리니
이 세상에서 믿고 따라다니던
가장 소중했던 그 사람은
송두리채로 빼앗아간 그분은
뉘신지 너무하십니다

누구를 믿고 살아야 할지도
이제 살아야 할 이유도 없이
그렇다고 따라서 함께 갈 수 없는 삶
허무하고 허탈해서 어찌하오리
그 분이 너무나 야속해라

차라리 함께 데려 갔으면
당신과 나를 떼어 놓으신 분이
뉘신지 너무 아파서 못 견디게
몸부림치도록 아파라

어찌 살아가나

하루의 삶이 지쳐버리네
밤인지 낮인지 어둠속에서
당신은 내 옆에 있는 것만 같아라

엊그제만 해도 식탁에 마주보며
서로가 더 먹으라 전하던 당신은
온데간데없이 사라져버렸네

수저를 떨구고
우두머니가 되어버렸다
정신차려보니 홀로 앉아서
어드메로 어떻게 살아가야 하는지
그리움에 그만 눈시울을 적시네
너무 너무 보고파라

허탈한 하루

당신은 머언 그 길을 잘 가셨는지
나는 아직도 보내드리지 못하고
내 마음에 새겨진 수많은 날들
가슴이 저려서 못 견디겠네

당신은 훌훌 떠나셨는지
나는 아직도 내 옆에 앉아 있음에
눈이 시리도록 그리움에 그만
애통하다 못해 절규하는 소리를
당신은 듣고 계시는지요

오늘따라

너무나 그리움에 지쳐
목이 메이도록 부르고
부르다가 지쳐서 쓰러지네
꿈속에서라도, 만나주기를 기원하며
오늘도 애타도록 당신생각에
노을이 져 가버리네

그 어느 분은
석양노을이 아름답다 하더이다
그런데 난 왜 슬퍼만 보일까?
너무 슬퍼 견디기 어려워
이렇게 흐느끼고 있는
초라한 내 모습에
조각이 난 내 마음은
석양노을에 너울거리네

삼오제라

당신이 묻힌 앞에 와서
뼈저리도록 아파서
간절한 기도를 드리는 나를
이대로 미련 없이 함께 갔으면

눈앞이 캄캄해 보이지 않고
갈기갈기 찢어지는 아픔에
이렇게 산산 조각이 되어
이대로 함께 뒤를 따라서

상처투성이가 되어버린 나를
미련 없이 이대로 가고 싶어라
당신 곁으로 따라가고 싶어라
영원한 그곳으로 가고파라

이럴 수가

어찌 이럴 수가 있는지
아무리 그렇다고 이렇게
너무나 허무하다 허탈해
가슴이 찢어지는 아픔을

상처투성이 되어버린
내 가슴 갈기갈기 찢어져
조각 나버린 이 아픔을

그 모든 것을 빼앗겨버린 삶은
살아야할 이유도 없이
오늘하루도
이렇게 덧없이
먹구름만 묻혀가고 있네

오늘도

절벽에 매달려 대롱거리는
이 삶을 어찌 살아야 할는지
눈앞은 캄캄한 절벽이라

정신 빠진 얼간이처럼
당신의 그 따스한 목소리에
아무것도 분간 없이 찾아서
동서남북으로 헤매이네

너무나 당신의 그 모습이
그리워서 보고파서 지쳐서
눈시울이 흠뻑 젖어버리네

숨이 멎을 것 같아라

오늘따라 달님도 별님도
먹구름에 묻혀 가누나
이제는 그 아름답던
별빛도 보이지 않아
달빛도 구름사이로 묻혀가네

짝 잃은 외기러기처럼
오늘도 그제도 지금도
그렇게 외로운가보다 슬퍼서
그저 잃을 것조차 없는 신세라

당신 없는 이세상이 싫어서
이대로 미련 없이 떠나고 싶어라
당신 곁으로 가고파라
지금이라도 가고 싶은 마음에

꿈에서

어제 밤
당신이 부르는 소리에
한걸음에 뛰어나가 문을 열었네

현관 앞에는 아무도 없고
당신의 그 목소리는
온데간데없네

당신의 목소리
허탈한 그 목소리
그만 꿈이었나보다

아침이라고 깨워주고
사라진 당신의 모습이
너무나 허무한 꿈이었네

가슴앓이

가슴이 아프다 못해
저려서 못 견디겠네

쓰리도록 너무 아파라
숨조차 쉬기도 힘들어
이대로 숨이 멎을 것 같아

그리움에 지쳐서
너무나 보고 싶어서
너무너무 아파라

따라 가고 싶다 못해
차라리 이대로 가고 싶어라

그 모습

오늘따라
애절한 그 모습이
너무 보고 싶어 힘겨워라

왜 그렇게 숨 가쁘게 가셨다고
단 한마디만이라도 들려주오

머리가 아프도록 소리 내어
울어 봐도 통곡해도 아무 소용없고
그리움에 가슴만 찢어져 너덜너덜
산산조각 나버린 삶이
석양에 노을에 사라진 꿈은
창공에 연이 되어 나르네

외로운 나날

날이 갈수록 보고 싶어라
가슴이 쓰리다 못해 아파라

언제까지나 늘 행복할 줄만
알았던 어리석음에
자신이 당하고 보니
이제야 다른 이를 살펴지누나

어떻게 살아가야 하는지
앞날이 캄캄해지누나

당신 뿐 인걸

훌쩍 떠나버린 당신
참 좋은 당신 생각에
오늘도 나는 이렇게 살아서
변함없이 숨은 쉬고 있음에
너무나 적막감에 못 견디고
목적지도 없는 길을 나섰더니
당신이 없는 이세상이
텅 빈 것만 같아라
허탈한 발길에 힘겨워라
나무그늘에 앉아서
자나 깨나 당신 생각에
얼이 빠져서 서글퍼라

진실한 사랑

당신의 진실했던 그 사랑
아무것도 가진 것 없어도
우리는 당당하게 살아왔지

당신의 정직한 그 모습에
두려움도 없이 믿고 따르며
그렁저렁 행복했던 순간들
오직 당신의 변함없는 사랑이
그 시련도 두려움이 없었네

우리는 그 모든 역경이 닥쳐도
당신과 나는 당당한 모습으로
아름답게 엮어왔으련만
그 모두가 한순간이 되어버렸네
그저 모든 게 물거품이었네

당신의 모습

이리가도 저리가도 당신생각
가슴이 답답해서 길을 나섰네
어디를 가든 속 시원한 것 없네

당신모습이 너무나 그리워서
눈을 감고 걸어 봐도 그의 모습
그 선한 당신의 마음뿐이라
떠오르는 그리움에 못 견디겠네

아무리 잊으려 애를 써 봐도
당신생각에 그만 가던 길을
멈추게 하네

소슬한 바람결에 흔들리다
허우적거리는 내 모습이
너무나 초라해서
슬퍼지누나

이별(1)

바람 따라 구름 따라
해님 따라 가려무나
달님 따라 별님 따라
가다가다 가다보면
어디엔가 서야 할 자리가 있을 런지

쓰리도록 아픈 이별에
나는 오늘도 허허 벌판에서
흔들리는 허수아비처럼
바람결에 흔들리며
허우적거리는 나를 보니
지난날의 추억들이
슬픔 되어 흐르네

그 모든 아픔을
바람결에 흩날려버리고
정신 차리라 하네

당신 생각에

어떻게 오늘 하루를 가야하나
어제도 그제도 당신 생각뿐
시간이 흘러가면 잊으리라고
흔히들 나보고 위로 말을 하네

어쩐지 왜 나는 시간이 갈수록
더더욱 당신 생각에 그리움으로
눈이 시리도록 흐르는 눈물에
앞길에도 아득한 밤이라

순간순간 서려오는 아픔에
이대로 이렇게 아픔으로
그대 뒤를 따라갈 것만 같아라

외로운 바람이 스치네

오늘따라 당신생각에 못 이겨
온 집안에 슬픈 바람이
정신없이 스치우네

어디를 가든지 따스하던
그 훈훈한 바람마저
차가운 냉혈이 되어 흐르네

입술을 깨물고 대문을 나서
그대가 가던 길을 따라가고 있네

세상을 떠나기 전에
머물던 그 자리에 앉아서
맑은 하늘을 우러러 보며
흘러가는 구름에게 물었지

달빛도 별빛도 보이지 않아
그래도 눈시울을 적시며
당신은 나를 보고 있을 거라 하네

그대의 흔적

그리움이 가득 차오르네
그대는 천당에 가셨으리라

살아서 숨 쉬고 움직이지만
죽지 못해 살아가는 이 삶이
오늘도 사경을 넘나드네

스쳐오는 지난날이
너무나 그리움으로
그대 모습이 떠오르고
그리웁다 그리움에 지쳐서
눈이 시리도록 보고파라

너무 아파라

당신은 너무합니다
어찌 나를 버리고
홀로 떠나버리시다니
이렇게 너덜거리는 가슴은
숨조차 쉬려해도 숨이 차오르네

너무나 막혀버린 앞날
하늘을 올려 봐도
검은 먹구름에 묻혀
가던 길을 멈추어 버리네

2부

하느님께 하는 질문

처량한 신세

오늘같이 당신 모습이
못 견디게 그리움으로
눈물이 앞을 가리우네

이제는 아무것 보이질 않고
너무나 저리고 아파라
숨이 막혀 멎을 것만 같아라

머언 곳으로 떠나버린
당신을 허공에 흩날려
잊으려 아무리 노력해도
잡을 수 없던 그 순간들이 스치우네

애통함을 무시하며 떠나버린
당신을 왜 이리도 잊지를 못하고
바보처럼 망부석이 되는 것 같아라

참 잊으려는데

떠나시던 그 날도
왜 아프다고 한마디 못하고
내일 퇴원해 집으로 갈거라고
그 한마디 남겨둔 채로
영원한 이별이 될 줄이야

허망하다 못해 허탈해서
잡을 수 없는 헛손질
가슴이 쓰리도록 복통소리
그만 당신의 손길을 놓고
멍하니 텅 빈 가슴앓이에
이렇게 영원한 이별이 될 줄이야

그 어느 누구가 알았냐고
애통한 눈물에 젖어 통곡할 뿐이라

당신의 빈자리

사랑한다고 한마디 못하고
그렇게 바보처럼 살았네

당신의 그 빈자리가
이렇게 큰 줄을 모르고
늘 그렇게 행복할 줄 알았네

이제야 당신이 떠난 후에서야
엄청나게 당신의 사랑이
얼마나 행복했음을
뼈저리도록 이제야 바보처럼 느끼네

이 바보는
아무런 두려움 없이
든든한 당신의 어깨에 기대어 살다가
이렇게 외롭고 싸늘한 바람에야
당신의 소중한 그리움에
얽매여 눈물을 짓네

그대의 세월

그대는
한평생을 침묵으로 다스리고
말보다 행동으로 지켜왔네

든든한 등대지기 되어주던
그대는 한 많은 세상을
훌쩍 떠나버리셨네

그렇게도 알뜰히 지켜주시던
그 어진 마음이 사무치게 그리워
꿈에라도 그대 품에 안기고 싶네

가슴이 아파

온종일 당신 생각에
슬프고 외로와 너무나 그리워

당신과 함께 거닐던 이길
이 거리 저 거리 헤매다가
오늘따라 당신은 가고 없음에
가슴 쓰리도록 서러움이
못 견디게 아프고 한이 서려
울다가 울다 지쳐서
가슴이 너무 아파
숨이 막혀 멎을 것 같아라

하루 여정

오늘도 하루가 길기만 하다
그 여정이 쓰러질 것만 같아라
당신이 가고 없는 이세상이
왜 이렇게 싸늘하고 추운지
언제까지 보내드리지 못하고
허수아비처럼 흐느적거리네

노을져가는 하늘빛에 그만
별빛도 달빛도 검은 구름에
묻혀서 구름 따라 흘러가고
석양이 노을이 질 때까지
서러움에 흐느적거리네

슬픈 외기러기

단둘이 마주보며 생글거리던 날
오고가던 다정했던 그 순간
탄력 있고 든든하던 그 목소리

어느 순간 어드메로 실종이 되어
이렇게 혼자서 내 말을 들어주던
그대는 어드메로 가셨는지

소리 없이 눈물만 흐르네
흐느껴 울다 그만 너무도 그리움에
슬프고 외로와 밥도 못 넘기는

아
나는 슬픈 외기러기

석양에

그 누구인가가
석양은 아름답다더니
왜 이리도 노을 지는 석양이 슬픈가
너무 너무 못 견디게 슬퍼
가슴앓이 하다가 그만
흐느적거리는 갈대 잎처럼

파도가 쓸고 간 은모래 빛에
외로이 서서 발돋움치는
하얀 물새가 되어 가고파라
님이 계신 그곳으로 날아가
너무나 외로와 못살겠노라고
낱낱이 고백하고 싶어라

그리움에 젖어

한평생을 생명수처럼
전신을 흔들어 주더니
이제는 끊어진 동아줄처럼
아무런 희망도 꿈도 사라지고
자식들이 찾아와 위로한들
당신의 그 한마디만큼이나
힘이 되려는지
지쳐가는 삶이
너무나 아프고 외로워
이세상이 텅 빈 것처럼 쓸쓸해서
오늘도 이렇게 그리움으로
눈시울이 흠뻑 젖어드네

어둠에 지친 오늘

언제나 당신의 빈자리에
오늘도 이렇게 어둠에 쌓여
어쩌다 이런 삶이 주어진 순간
힘없이 착잡한 하루였네

울적한 하루를 달래가며
사그락 거리는 낙엽 따라 가네
당신의 그 한마디가 그리워
오늘도 당신생각에 저물어가네

그래도 살아있는 인생은
이렇게 숨을 쉬고 걷는다

너무나 보고파라

말도 많고 탓도 많았던 그길
정말 모든 게 당신 때문에
이만큼 살아온 길이 행복했소

사막 모래언덕에서라도
당신의 그 믿음직한 어깨에
두려움 없이 맑은 미소를 지으며
참, 너무나 당신은 나를
자신 있게 당당했던 그날들

저승에 가시고 이승에서
너무나 보고파서 그리움에
오늘도 이렇게 그리움에 지쳐서
이렇게 좋은 당신 모습에
눈이 시리도록 보고파라

길을 나섰더니

당신이 눈물 흘린 자리가
내가 일어설 자리인 것처럼

죽는 날까지
당신 삶처럼 그렇게
열심히 살아가렵니다

모든 이가 당신을 수긍하듯이
저도 그렇게 살으렵니다

인생의 굴레에서 벗어나
그 모든 것을 잊으렵니다

상처도 미움도 모두모두
용서하며 사랑하렵니다

오늘 하루를

그리움으로 가득 차오르네

한 달이 지나면 잊을 런지
두 달이 가면 좀 잊을 런지
석 달이 지나면 잊을 런지

가도 가도 더욱더욱 그리움은
가슴이 쓰리고 눈시울에 젖어
이제는 슬픔에 가려서
아무 물체도 보이지 않아
더 더욱 가슴은 잿빛으로
까맣게 타들어만 가네

너무너무 가슴이 찢어지는
그 아픔을 견딜 수가 없어
미칠 것만 같아라

단 한마디도 못하고

한평생을 침묵으로
양심의 소리를 듣다가
단 한마디 작별인사도 못하고
훌훌 단신으로 떠나시니
메르스병이 원수라

그 긴긴밤을 병실에서 외로이
그 하고픈 말이 얼마나 많았을까?
너무 허탈하고 허무해서
가슴 저리도록 아파 웁니다
오늘도 이렇게 하루가
잿빛으로 까맣게 타들어갑니다

극진히도 나를 지켜 주던 당신이
눈이 시리도록 보고파라
너무 너무나 그리움 때문에
아직도 보내드리지 못하고
쏟아지던 별빛도
달빛도 어드메로
먹구름에 묻혀 가누나
오늘도 이렇게 하루가

너무 허무한 순간

하느님도 너무 무정하시다
나를 그렇게 극진히도
아껴주고 챙겨주더니
한마디도 없이 훨훨 단신으로
하직인사도 없이 떠나가시니

이 가슴앓이는 너무나 아파
살아야 할 이유조차 없음에
너무너무 못 견디게 아파라
그렇다고 죽지도 못하고 살고 있네

살아있음이 행복이라 하지만
이제는 그 말이 나에게는
생지옥이라 살고 싶지 않아라

한마디 작별인사도 없이

갑자기 하늘이 무너지고
땅이 꺼져버렸네

한 많은 세상을 끊어버리고
훌 훌 단신으로 떠나 버리시니
참 좋은 당신의 흔적도 없이
이럴 수가 나는 어쩌라고
숨이 막혀버리고 멎을 것만 같아라

찢어지는 아픔에 몸부림쳐도
당신은 아무런 미련도 없듯이
떠나버리시니 세상에 이럴 수가
나는 어쩌라고 너무도 기가 막혀
주저 앉아버렸네

눈보라에 흰 꽃

아카시아 꽃잎처럼 날리네
나풀거리며 앙상한 가지마다
흰 매화꽃이어라
외로이 사그락 거리던 낙엽도
간밤에 하얗게 덮여버렸네

허허벌판에 갈 길은
어드메인지 아무것도 몰라라
달님도 별님도 먹구름 따라
유유히 그런대로 가는구려
머언 곳에 계신 님이시여

님이 아니 계시오니 멈추고
어드메로 가야하는지 방황하며
찬이슬에 흠뻑 젖어버렸네
저어 편에서 피리소리만
구슬프게 들려오네

당신이 아니 계시니

살아있는 동안에 당신은
늘 나를 자가용에 태워서
방방곡곡에 어드메인지
서슴없이 데려다주고 데려와서
영원히 그렇게 살을 줄 알았는데

얼마나 어리석은 바보를
극진히도 아껴주고 지켜주었는지
당신이 떠나간 뒤에서야
뼈저리게 좋은 참 좋은 당신이었다고
그 한마디도 못하고 어리석음에
이제야 가슴 치며 울고 있어요

가슴이 찢어지는 아픔으로
당신을 얼마나 그리워 통곡을 하며
오늘도 얼룩 투성이 된 삶이라고

성전에서

텅 빈 성전에 들어섰네
성체조배를 바치려는데
하느님의 목소리가 들려오네

언제인지 너도 잠깐 들렀다가
여행을 마치고 돌아올 터인데
뭐 그리 좀 먼저 갔다고
그렇게 슬퍼만 하지 말고
거친 세상이라 하지만
아무렇게나 살다오지 마라

내가 하늘에서 지켜보지만
너가 가장 사랑했던 이가
더더욱 너를 내려다보고 있음에
머물렀던 그 자리를 아름답게
살 수 있기를 기도드림을 잊지 마라
늘 너의 양심의 소리를 들어라

하느님께 하는 질문

왜 하느님은 저를 슬프게 하시렵니까
한평생을 제가 좋아하는 이를
그렇게 갑자기 데려가시는지요
오늘따라 하느님께 묻고 싶습니다

초등학교 오학년 때에는
6.25를 당하게 하셨음에
엄청나게 저를 아껴주시고
귀여워해주시며
귀에다 대고 너는 커서 수도원에 가라고
우리 엄마 아빠가 프랑스 부자라 하시며
유학도 보내주신다고 약속하신
신부님도 데려가시더니
여고를 졸업하고 수도원 문 앞까지
데려다주고 공부까지 시켜주신
하한주 신부님께 은혜도 못 갚아드리고
데려가시더니
수도원에서 가장 좋아하고 사랑했던
수녀님을 또 데려가심에

하느님의 뜻

하느님께서는
제가 좋아하는 이는
모두모두 데려가셨습니다
너무나 슬프고 못 견디어
수도복을 벗어버리고 나왔습니다

왜 하느님은
제가 좋아하는 이는
모두모두 저의 앞에서 데려가시는지요
차라리 이제는 저를 데려가주세요
국화꽃 필적마다 오라하시던
전신부님도 데려가시더니
함께 즐겨 다니던 저의 짝꿍
마저 데려가시옵니까

이제서는 하느님만 믿고
살아가다가 오라는 뜻이라
생각하며 남은 인생길
영원하신 당신을 따라가오리다

참 좋은 당신

이 세상 그 모든 이가 같은 소리에
당신을 잊어버리고 보내드리라 하지만
나는 아직도 당신이 내 곁에 있다고
믿고 싶은 마음뿐이라
지금도 나는 당신 앞에서 속삭이네
옆에 앉아서 하고픈 말을
소상히 밝히며 그대의 목소리를
이렇게 듣고 있음에

잊으려 하지만

잊으려면 그리워지고
그리워지면 잊으려하나
당신이 이 세상에 없다는 것이
오늘도 이렇게 견디기가
한없이 외로워 가슴이 아파라

다시 돌아온다는 예약도 없이
그 모든 것을 묻어두고 떠나가신
차마 떠나가리라 생각지도
못한 바보처럼 울어버렸네

3부

봄 나비가 되어

비에 젖어

쏟아지는 빛줄기처럼
지금 여기가 어디쯤인지
당신 따라 가리라 가리라

인생이란 허무한 꿈이었다고
가는 그 길을 막을 길 없어라

낙엽이 떨어져 바람에 날리면
나는 너무나 슬퍼서 눈시울 적시네

무엇을 생각하며 지는 노을을
세상에 태어나서 이처럼
허탈하고 허무해서
쓸쓸히 낙엽 따라 가고 있네

당신생각(2)

당신 생각이 파도처럼 밀려와
자나 깨나 당신에 그리움
떠오르는 당신 모습에
잊으려 해도 잊을 수 없는 이 가슴은
잿빛으로 새까맣게 타오르네

목이 메이도록 불러 봐도
부르다가 이대로 죽어 가련지
바람결에 들려오는 소리에
그만 달빛에 어리어 가라하네
그리움에 지쳐서 이슬에 젖어드네

기다리리

천년을 살라 한들
그대 없이 못 살아요
별빛은 그 자리에 있는데
그대만은 온데간데없이
무정하게 떠나가 버리시니
산 넘고 물을 건너서 가시고
구름도 바람 따라 가네

꽃피고 새 울면 오시려나
그리운 님은 언제 오시려나
고향언덕에서 망부석이 되어
오실 때까지 기다리리라
아직도 나는 가슴에 살아서
숨을 쉬며 님을 기다리리

슬픈 나그네

인생은 강물처럼
흘러가는 나그네

비바람에 젖어들면
흔들리고 나부끼며
햇살을 기다리다
여기까지 왔으나
이제는 나를 극진히도
지켜주던 등대지기도
떠나버린 골목길 인생

여행길이 너무나 외로워
슬픔에 흐느끼며 떨고 있네

답답하기에

마음이 답답해 길을 나섰네
어느 사이 푸릇푸릇하던 잎이
곱게 물이 들어 꽃처럼 아름다워라

그리 곱던 단풍잎도 한때라
낙엽이 되어 우수수 떨어지니
데굴데굴 그렇게 굴러가는지
어쩜 너도 나처럼 갈 곳이 없나 보다
이렇게 목적 없이 가고 있네

노을져가는 내 모습이 서글퍼서
되는대로, 그저 이렇게 가고 있는데
바람 불어도 함께 가자 꾸나
가다보면 정착역이 있겠지

마지막 집을 떠나시던 그 밤

그 마지막 순간까지도
곧은 자세로 흐트러짐 없이
119차에 몸을 싣고 가면서
그 아픔을 견디기 위해
소리 없이 내 손을 끌어당기며
배가 너무 아프다고 작은 소리로
나를 바라보는 그 눈물에 젖어
당신의 마지막 그 모습에
나는 소리죽여 함께 울먹이며
그 얼마나 아팠으면 그랬는지
어리석게도 그 아픔을 모르고
병원에다만 의존했던 어리석음이
당신이 세상을 떠나가고
이제야 바보 같은 내 탓으로
당신을 살리지 못하고 가슴을 치네

울적한 하루

간밤 꿈자리에서부터 오는
우울한 하루가 아침부터
먹구름 밀려오듯이 침울해
한없이 울음이 터져서
혼자서 눈물을 삼키며 하루를
가슴이 터지도록 울적한 순간에
구세주처럼 친구가 찾아와
수다를 떨구다 자버리네
한순간이라도 나를 위해서
찾아와준 그 친구가 고마워라
정신 차려서 남은 삶이라도
소중하게 살다가 가려무나
어디서인지 들려오는 듯하네

인생살이

조건 없이 사랑으로 엮어
앞만 보고 당당하게 살았음에
그 누구의 상처도 받지 않으려고
극진히도 당신과 나 노력하다
이제야 행복이라 세월 따라
그렁저렁 얼룩이지며 왔으련만
청춘은 온데간데없이 노을이 지고
어느 새에 푸릇푸릇하던
그 청춘은 황혼의 문턱에서
당신은 떠나버리시니
세상살이가 인생살이가
그저 모두가 허무할 뿐이라네

그리움(1)

사랑하는 이와 둘이라면
그런대로 기쁨 슬픔 엮어서
그렁저렁 가려고 했는데
외로이 남아있는 나를 데려갔으면
오늘도 두 손 모아 기도드리네

이제 지쳐버린 나의 모습이
그 얼마나 추하고 초라한지
삶에 자신이 없어 허우적이네
눈물을 감추려 정처 없는 삶
떠돌다가 지쳐버렸네

부는 바람에 새소리만 들리네
헛소리에 그만 정신 차려
나가보니 그대의 모습은
어디론지 사라져 버리네

가슴 아픈 이유

살아생전에 사랑한다고
그 한마디도 인색했음에
오늘따라 후회하면 무엇 하나

내 곁을 떠나가신 후에서야
당신보고 따뜻한 한마디
당신만나서 행복 했었다고

왜 그 한마디 전하지 못하고
무정하게 이별을 했는지
오늘에서야 가슴 치면서
정스러움을 표현하지 못했는지
이제야 가슴 치며 후회하네

그저 언제까지 행복한 줄만
그렇게 믿었기에 그만
이렇게 끝내버리니 슬퍼서

봄 나비가 되어

봄 나비가 되어 날아가고파라
꽃나비가 되어 날아가
당신 품에 안기리라
꽃나비가 되어 함께 가고파라

당신의 깊은 정에 그리움으로
가슴에 스쳐올 것만 같아라
이렇게 밤마다 꿈마다
애타게 그리움으로 차오르네

간밤에도 바람처럼 왔다가
꿈속에서 살며시 찾아와
찬바람이 스쳐오는 밤에
살며시 문을 닫아주고 가시네

그리움(2)

가슴에 사무치는 그리움
당신 생각이 파도처럼 밀려오네
자나 깨나 당신 생각에 그리워지네
잊을 수 없는 따스하기만 했던 손길
이 세상 다하는 그날까지 보고파라

영원히 못 오는 길을 갔으련만
망부석이 되어 이슬을 맞으며
쏟아지는 별빛에 어리어
떠오르는 당신의 그리움이
바람결에 볼을 스치우네

2015년 7월 15일은

어찌 이럴 수가
그렇게 그대는 떠나시다니
이 허무함에
단 한마디도 못하는
숨이 막힌 가슴앓이

그렇게 한만은 세상을
마지막 하직하시니
찢어지는 이 아픔
견딜 수가 없어
숨이 멎을 것만 같아라

오늘도 기다리며

오늘따라 하느님께
원망스러움이 차오르고
목이 메이도록 불러봅니다.
삼 년 만이라도 살려달라고
간절한 소망이라 빌었으련만
너무하십니다
야속하십니다
무정하십니다

당신은 떠나 가셨지만
나는 당신을 보내드리지 못함에
오늘도 기다리다 지쳐서
허우적거리다가 그만
이렇게 하루가 어김없이
가고만 있네

목적지도 없어라

온 세상을 헤메이다 정신차리니
앞이 캄캄 절벽이라
안개가 자우룩한 앞날이
너무나 슬퍼서 지쳐서
오늘도 목적지도 없이 걸었네

어드메로 어떻게 가야하나
잃어버린 길을 헤메이다
먼저 훌쩍 떠나버린 당신의
그 모습이 그리움에 지쳐서
이렇게 그 자리에 넋을 놓고
한없이 울다 지쳐버렸네

머물고 싶지 않아라

허무하다 허탈해서
이대로 숨이 멎을 것 같아라
숨쉬기조차 답답한 이 순간을
어쩌다 이렇게 떠나시니
홀로된 자신은 삶조차
이세상이 너무나 싫어서
이대로 미련 없이 더 이상
머물고 싶지 않아라
이 생명도 거두어 가시기를
세상만사 귀찮아서
한 많은 세상을 하직하고 싶어라

바람 따라 가고 싶네

세찬 바람도
강한 바람도
지나쳐 버리는 것
인생이란
슬퍼도 그리움도
인생길이라 하지만
결국은 인생은 혼자다
혼자 가는 것인데
뭐 그리도 애달파하나
살아간다는 것이 외로움이라
달래가며 살아가려네

조건 없는 사랑

무조건 그냥 믿어준 사람
한평생을 자신에게는 엄하고
그 모든 이에게는 관대하던 이
그렇게 좋은 사람을 보내버린
이 심정은 갈기갈기 찢어지는
아픔에 너무 아파서 못살 것 같아라
오늘도 아프다 못해 가슴이 쓰리네
언제 이 아픔이 가시려나
마음마저 시리고 너무나 싸늘해
가슴이 쓰리고 시려서 견디기에는
힘겨웁다 못해 외로워지네

왜 그렇게

당신을 부르다가 지쳐서
쓰러질 것만 같아라
산다는 것이 아무런 의미도 없어라
이제 나는 살아야 한다는 희망도
아무런 꿈도 없는 오늘 하루가
왜 이리도 지루한지 감옥이라
정신이 돌을 것만 같아라
그리움에 견디다 못해 너무 슬퍼서
앞이 보이지 않아 답답해서
감옥 같은 삶이라 하는가보다

당신 생각(3)

자나 깨나 잊으려 해도
잊지를 못하고 바보처럼
오늘도 이렇게 살아가고 있네

너무도 가슴이 쓰리고 아파
길을 나섰더니 눈이 침침하여
물체도 제대로 보이지 않네

이렇게 살다가 그 어느 날
그분이 데려가시려는가 보다
따라가다가 보면 만나겠지
삶에 지쳐서 그대가 보고파라

어느 날인지 함께 만나서
미소를 지으며 소상이 나누리라
그대와 함께 그날을

그리움은 슬퍼라

비가 오나 눈이오나
아플 때나 기쁠 때나
그 언제나 당신만이 계시오면
당당하고 두려움이 없는데
왜 이렇게 두렵고 무서운지
아무런 힘도 자신도 없어라
살아야할 의무조차 상실한
어쩜 나 자신이 초라해서
혼자서 외로운 길을 가고 있네
무거운 발길을 더듬적거리며
휘청거리며 오늘도 홀로
좁다란 이 길을 가고 있네

살아있음에

님은 머어언 곳으로 가시고
살아있는 사람은 살아야 한다네
그저 숨을 쉬고 있음에 살았다고
어쩜 죽은 목숨이나 다를 바 없네
아무런 의욕도 하고 싶은 것도
먹고 싶은 것도 꿈도 없는 이 삶이
움직이니 살아있는가 보다

온종일 혼자서 생각다 못해서
멍하니 돌아다보는 순간에
당신은 출근한다고 빙그레 웃으며
아무 말도 없이 사라져버리네
침대 위에서 뛰어나가 보니
그대로 잠겨진 현관문에
정신을 차려보니 헛소리에
그만 싸늘한 바람이 스쳐오네

꿈에서라도

오늘따라 너무너무 보고 싶어
당신 생각으로 가득 차오르네

알뜰히도 극진하게 살펴주더니
나를 두고 홀 홀 단신으로 가시더니
그 좋은 천당에서 그 누구를 위해
무엇을 하고 행복을 누리시는지
너무너무 그리움에 보고파라

이승에 있는 나를 보고나 계시온지
나는 당신 생각에 온종일
슬프고 외롭고 그리워 이슬에 젖네

아침저녁으로 스며드는 찬바람에
훈훈했던 당신의 그리움이 차오르네
꿈에라도 한번쯤 보았으면

4부

멋있게 보이던 그날

초생달

오늘은 유난히도 초생달이
너무나 외로워서인지
찬바람에 떨고 있는가보다
뭉게구름사이에서 떠가네

저 달빛도 먹구름 사이로
묻혀서 보일 듯 말듯이 가네

너도 나처럼 노을 지는
석양이 슬퍼서인가보다
오늘따라 검은 구름에
보일 듯 보일 듯이 따라 가누나

등대지기

등대지기만 바라보며 살아온 삶
등대지기는 온데간데없고
등대의 불빛은 꺼져 버리고
안개가 자우룩하여 보이지 않네

나 오늘
불빛도 없는 바닷가에 홀로서서
거치른 파도소리만 듣고 있네

떠나버린 등대지기 돌아올 수 없고
내 앞길은 캄캄한 절벽뿐
보이지 않는 이 길을 어떻게 가야하나

어드메로 가야하는지
살아갈 수도 없고 죽을 수도 없어
막혀버린 밤길을 나 홀로 걷어가네

외톨이

혼자 살아간다는 것은
참 슬프다기보다 외로워라

혼자 밥을 먹는다는 것은
엄청나게 가슴이 저려 와라

둘이서 마주보며 생글거리던 날
그대의 모습이 너무 그리워라

혼자서 너무 보고파서
그리움에 눈시울을 적시며

하얗게 피어나는 물안개처럼
당신은 내 가슴속에 밀려오네

잃어버린 웃음

한평생을 크게 웃어본 적 없는 나를
그나마 웃으면서 살 수 있는 그날이

검은 바람 검은 풀 섶 소리에
치달리는 마음을 알아차린다는 것은
가진 것을 다 꺼내놔야 만이
세상은 가만히 말을 걸어오네

삶이 수월하지 않다고
슬픔은 아무것도 아니라네
슬픔에 잠긴 세월이 그만
저만치 저물어 가고있네

오랜 세월

그대와 함께라면
힘들었지만 슬프지 않아
그런대로 하늘을 바라보며
당신은 둥실거리는 구름을 보고
그렇게 삶은 구름처럼 간다고
내일이면 과거가 된 오늘을
후회하지 말고 가자고 하더니
혼자 그렇게 떠나갈 줄이야
그 빈자리가 얼마나 불편한지
하루하루가 슬픈 작별을 고하네

허공

한때는 삶에 길이 보이지 않아
머뭇거리던 수많은 그날에
계곡은 물이 흐르고 있네

삶은 그렇게 슬픔을 잊고 저
멀어져가는 그리움이 다가와
저린 가슴을 스쳐가네

그저 바라보고만 있어도
그렇게 좋은 사람이었어
이제 떠오르면 가슴만 아파라

너무나 아파서 견디기에도
힘겨워라 너무 슬퍼라

그리움이 허공을 가득 메우네

이별(2)

이별은
이별은 싫어요
헤어짐은 멀어져 간다 해도
마음은 더 더욱 가까워지네

잊을 수 없는 수많은 날들
얽혀진 사연들을 품고서
떠나시던 그 날은 너무나 슬퍼라
흐느끼다가 멍이 들었어라

잊을 수 없는 그 날이
한평생을 함께한 세월이
물거품처럼 온데간데없이 사라지고
달님도 별님도 흐느껴 우네

당신 생각(4)

나의 그 모든 것을 믿어준 사람
그저 모든 말을 들어준 사람
때로는 나의 헛소리를 들으며
그 작은 희망마저 버리고 떠난
비정한 당신 생각만이 떠오르네

나는 외로움을 견딜 수 없는 날이면
하늘을 쳐다보며 별을 헤이다
그만 흐르는 세월에 흐느끼며
얼마나 얼룩이 져 가는지를

조용히 밀려오는
당신의 속삭임에
하얗게 지새운 날을
잊을 길 없어라

빠른 세월

그리움에 지쳐버린 그날
정처 없이 휘청거리며
목적지도 없이 걸었지
허탈한 가슴은 싸늘해지고
시커멓게 멍이 들어가네

희망도 꿈도 사라져가고
싸늘한 바람이 볼을 스치우네

그저 바라만 보아도 좋은 사람
떠오르면 이렇게 가슴 아픈
이별이란 생각하기도 싫어라
생각나면 못 견디게 아파라

이대로 깊은 잠이 들어버렸으면
그 모든 것 잊을 수 있도록

헤어지면 만나겠지

헤어지어 멀어져도
마음만은 더욱더 다가오고
흐느껴 울었다
별들도 허공에 헤메이다가
삶이란 허탈한 길을 가고 있네

늘 흐린 안개 속을 헤메이다
이렇게 시간은 흐르고
꿈속에서 그대 뒤를 따르며
목이 메이도록 불러도 부르다가
깨어나면 그대는 온데 간데
어디론지 혼자서 뒤도 돌아보지 않고
훨훨 날아가듯이 사라지네

우두커니 뒷모습만 바라다보네

꿈

나의 눈물 속에 머무른
그대는 아직까지 남아있지
그대에 대한 그 모든 것을
기억 속에 헤매이면서
잊지를 못하고 너덜거리는
한조각의 마음이 아파라

멀어져가는 그대의 모습에
지난날에 함께 그리던 꿈을
수많은 추억들이 흠뻑 젖어
외로움을 견딜 수 없는 날이면
하늘을 보다가 못 견디면
바닷가로 달려가
내 영혼이 노래를 부르네

마지막 눈물

눈빛으로 감싸주던 순간들
말보다 행동으로 움직이는 그를
모든 이들이 좋은 사람이라 하며
못내 아쉬움을 안겨주고 간
훌쩍 떠나버리신 그 순간에도
정신적 추기경님이 남기고 가신
그 말씀은 깊은 가슴에 묻고
알아 들으셨는지 눈물을 흘리며
마지막 숨을 거두시며 가신
그 마지막 당신의 모습에
그만 이 순간에도 뼈저리도록
가슴을 치며 울고 있어요

슬픈 노을

푸릇푸릇한 솔잎처럼
늘 그렇게 푸르른 줄 알고
앞만 보고 달려오다 보니
쉬지도 못하고 삶에 지쳐서
다른 이들을 돌아볼 겨를도 없이
숨차게 여기까지 왔으련만
가슴에는 깊은 상처만 흐르네

아픈 상처를 가슴에 안고서
오늘도 이렇게 잊지 못함에
석양에 노을 지는 슬픔에
갈 길을 멈추고 나를 돌아보며
이제는 슬픈 노을이 지누나

병든 사람들

당신만이 아파서 빨리 갔나
우리 모두 알고 보면 아픈데 많아
병원에 가는 사람만이 환자라
알게 모르게 이 세상에는
여기저기 상처투성이라네

마음도 육체도 너무 아파서
힘들게 참아가며 살아간다네

견디다 못해서 가버린 이들도
세상에는 하도 많아서 헤일 수 없네

그 짧은 삶을 뭐 그리 발버둥 치며
동동거리며 살아야하는지는
그 아무도 모르고 욕심을 부리며
아무것도 아닌 허공 같은 꿈에 젖어
그리 슬퍼하며 몸부림치네

해는 저물고

얼룩진 이 해도 저물어가네
서산 마루턱에서 노을이지니
갈잎이 너울거리는 길가에서
허송세월에 낙엽은 우수수
정신없이 떨어져 사그락거리네

정처 없이 굴러가는 낙엽에
이리 채이고 저리채이며 가는 길
너처럼 나도 갈 길을 잃었네
너를 한때는 아름답다 하더니
슬픈 너의 모습은 바라보는 이 없네

나 이렇게 춥고 외로워
바라보던 이도
보듬어주던 이도
아무도 없는
외로운 거리를 가고 있네

그림자

그대의 그림자처럼
오늘도 따라가네

가다가다가 지쳐버리는 그 순간이
지난 추억 속에 그리움이 되어가고
한 많은 세상 떠나는 그날이 오기까지
세상 누구도 모를지라도 흐트러짐 없이
곧고 바르게 앞만 보고 가리라

짙푸른 파도소리에 출렁거리며
하얀 물새가 되어 훨훨 날아가리라
아픔과 슬픔 여행이 끝나는 날
너무나 춥고 외로웠다고 하리라
참고 참다가 웅크리다 왔노라고

잊으려 하는데

잊으라고 모든 이들이 말하네
허공에 허우적거리는 나를
그렇게 흔히들 말을 하네
아직까지도 보내주지 못하고
그리움으로 가득 차오르네

잊으려고 미운생각을 찾으려다가
그만 좋았던 추억 때문에
가슴이 미어 터져버릴 것만 같아라
너무나 아프다 못해
숨이 멎을 것만 같아라

이대로 한세상 떠나고 싶어라
부디 나를 데려가시옵소서

첫눈

첫눈이 펄펄 흰나비처럼 날아오네
얼룩이진 세상을 온통 하얀 세상이라
온천지가 새하얀 꽃이어라
메밀꽃처럼 매화꽃처럼 피어나
아름다운 세상이어라
늘 이런 세상이라면 얼마나 좋은지
언제나 첫눈이 내리던 그날은
한계령으로 달려가던 그 순간들
이제는 추억으로 떠오르네

그대는 하늘에서 무엇을 하는지
이 아름다운 풍경을 보고 계시 온지
오늘따라 당신생각이 간절하오

멋있게 보이던 그날

참 멋지게 보이던 그날에
사랑한다고 말할걸 그랬지
그 소중한 한마디 들려주지 못한 채
그렇게 한순간에 떠나버리시다니
아!
이렇게 비참한 바보가 어디 있으랴

그대의 그 빈자리가 허무해서
텅 빈 가슴으로 쓰리도록 아파라
이 세상 그 모든 것들 잊어버리니
이젠 아무것도 잃을 것조차 없어라
허탈한 발길만 휘청거리네

답답한 마음 달래려고 길을 나섰더니
이제는 갈 길도 사라져버렸네
등대불이 꺼져버렸으니
그만 눈앞에는 캄캄한 길만
이 길로 저 길로
헤매고 헤매다 지쳐만 버리네.

소중한 그대를

가장 소중한 그 모든 것을 잃었네
빈털터리가 되어 허우적거리며
남은 삶이 언제까지 가려는지
너덜거리는 내 모습을 보고 계시온지
살아가는 그날까지 그리움으로
황혼이 노을이 질 때까지 그렇게
슬퍼하며 외로워하며 가다가
언젠가는 그대 따라 가리라
해님 달님 별님 따라가다
마지막 선택은 그대를 따르리라

너무 보고 싶어

온종일 온통 당신생각에
어쩌면 부족한 탓으로
그 모든 것이 나의 잘못에
당신을 살려주지 못한 것을
가슴이 찢어지도록 후회를
어리석게도 이제야
당신이 그 얼마나 보고 싶은지
이 세상에서 찾아볼 수 없음에
그리움이 사무치도록 스며드네

그 사람

왜 그리도 자신에게는 엄했던 그 사람
그 언제나 남에게는 관대했던 그 사람
항상 자신의 양심의 소리를 듣는 그 사람
늘 다른 이의 인격을 존중하던 그 사람
자신의 말보다 남의 말을 존중하던 그 사람
남의 말을 소중히 들어주는 그 사람
거친 언어나 화를 내지 못하던 그 사람
남의 허물을 감싸주며 너그러운 그 사람
겸허한 성품으로 예의바른 그 사람
알뜰히도 윗사람을 섬기고 아랫사람을
사랑하던 그 사람
마지막 가시던 그날까지도 추기경님의
기도를 들으시며 두 눈에서 눈물을 흘리며
영원히 주님 앞으로 떠나신 그 사람
참 진실한 그 사람

소중한 그 마음

이 세상에 남겨놓고 떠나가신
그 옆자리의 비중이 이렇게 큰 줄을 모르고
언제나 늘 든든한 버팀목이라고
믿었던 어리석음이 충격적이라

행복이란 이렇게 그림자처럼 지나버리니
헛되고 헛되어라 이 세상 아무것도 아니구나
괴로워도 슬퍼도 한숨 지며 가오리다
이제는 아무도 없이 혼자라 라는 것을
모두모두 떠나버렸어도
외로워도 살아야 한다는 것은
아 죽을 수도 없네

세찬 바람이 불어와도 외로워도
가슴을 졸이며 두려움에
그렇게 떨면서 죽는 그날까지
가야한다면 참고 견디며 가리라

짧은 세상

거친 파도에 밀려온 삶
얽매인 한 세상살이 허탈함에
그대가 떠나가고 허무함에
그 모든 것 다 버리고
훨훨 털어버리고
어디론지 떠나고 싶어라

빈털터리로 헤메이다 보면
가진 것 없어도 가다 보면
인생에 종말이 오는 날에
이 삶이 너무 살기 싫어서
춥고 외로워서 힘들었노라고
온몸이 싸늘해 옴을 아는지
너도 모르고 그 아무도 모르리

언제나 외톨이

우글거리는 형제들이 있어도
늘 언제나 외톨이였네

푸릇푸릇한 청춘이었어도
오늘은 일에 묻혀 논두렁에서
하루는 밭고랑에서도 외톨이
꿈 많은 젊음에도 걱정거리 외톨이
삶에 지쳐서 헤메이다가 외톨이
한 많은 세상살이 지쳐서 외톨이
그 모든 것을 끊어버리고 외톨이
수도원 문을 두드리고 입사하여 외톨이
수련생활을 열심히 닦으려다
종신서원 앞두고 수도복을 벗어버렸네
빈손으로 수도원문을 나섰더니 외톨이
갈 곳 없어 기차를 타고 오라는 곳도 없어라

이렇게 외톨이로 살려는데
그대는 나를 지켜주고 따라다니다
오년 만에 외톨이 짝꿍이 되어
결국은 다시 외톨이 되어버렸네

5부

그대 만나러 가는 날

외기러기

짝 잃은 외기러기처럼
이 거리 저 거리 헤매어도
마음한구석이 텅 비어버린
허수아비처럼 외로워라
바람이 부는 데로 흔들거리는
허허벌판에 서있는 허수아비들처럼
비바람에 낙엽처럼 가네

외로운 바람이 스며들어
그대의 훈훈했던 따스함에
그리움만이 차오르네
너무나 그리움에 보고파라
하루 종일 외기러기처럼 가네
아 나는
허공에 쭉지 부러진 외기러기

고맙다고 미안해

한평생을 살아오면서
그저 미안해 고마워하는 소리가
지금도 귓전에 들려오네

뭐가 그리도 미안하다 했는지
무엇이 그렇게 고맙다 하더니
살아생전 단 한 번이라도
흐트러짐 없던 그대의 모습
그대 모습이 그리움으로 차오른다

이렇게 가슴 저리도록 아파와
입술을 깨물고 참으려다가
눈시울만 흠뻑 적시는구나

답답해서

나를 알 수 없어 왜이런지
이제는 어느 누구든지 싫어 졌어
가슴으로 새겨진 그늘마저
믿음이 깨어져버렸네

마음 놓고 아픈 나를 표현할 길 없어
옆에서 나를 믿어주던 이도
이제는 머얼리 가버리고
갈대처럼 흔들거리네

모든 것을 정리하고 떠나버리고 싶네
아무도 만나고 싶지도 않아라
사람이 너무 무서워라
삶에 지친 나를 그대들은 아는지
슬픔에 못 견디게 괴로운 나를
그대들은 나를 알아볼 수 없음에
이렇게 가슴이 너무 아파라
소리쳐 울고 싶어라

하루 삶

오늘은 어떻게 살아야하나
이 세상 끝자락이 보이지 않아
혼자서 자고 혼자서 밥을 먹고
하루하루 삶이 너무 슬퍼라

싸늘한 바람에 외로운 삶을
나는 언제까지 살으려는지
한숨짓다 하루를 눈이 시리도록
그대만을 그리다가 보고 싶어

서러움에 그만 주저앉아
왜 그렇게 떠나버렸는지
물어보고 싶어라 그리워라
이렇게 하루를 덧없이 가버리네

그리움만 노을 지고

알뜰히도 아끼고 살펴주던
그대가 영원히 떠나시니
이 세상에 그대 없다는 것이
한없이 슬프고 외로워
잊겠노라 결심하면 그립기만 하네

한 걸음 날마다 무거운 발자국
함께 걸어갔던 지난날
추억의 그림자만이 떠돌아가네

그리움이 앞을 가리면
가슴에 그대 모습 서려있음이
너무나 아파서 지우려하네
지워지지 않는 그리움에
오늘도 이렇게 노을져가네

그대 만나러 가는 날

슬퍼도 외로워도 참아야 하네
나에게 주어진 운명이라고
수십 번이나 자문자답하며
아무리 잊으려면 그리움에
몸부림치도록 그 아픔을
남은 이 세상에서 견디려네

살다가 그렁저렁
세월만 먹구름에 묻혀서
흘러가리라

이렇게 슬퍼도
햇살이 나를 따스함에
달빛에 어리어
쏟아지는 별을 헤이다가
어느 날이 될지는 모르지만
그대를 만나러 가는 날이
하느님의 부르심이라 하네

슬픈 가을

유난히도 이 가을은 슬프다
스쳐가는 바람도 차가와
가슴속까지 파고드니
우수수 지는 단풍잎도 서러워라

왜 그리도 낙엽을 밟으며
걸어오는 발길이 무거워서
사그락 거리며 외로운 그 한 잎
밤이 새도록 맴돌아 치네

어쩌면 내마음속에서
스며드는 아픔처럼
들려오는 소리
아프도록 슬픈 소리가 들리네

뒷모습이 아름다운 분

그 모든 이들이 그대를 아는 이들이
한결같이 그렇게 빨리 가시니
아쉬움에 쓸쓸한 표정을 짓네

성직자들이 더더욱 그리움에
참 좋으신 분이었는데 그렇게 가시다니
수녀님들께서도 안타까워하시며
하느님께서 고통 받지 말라고 데려가셨다고

그저 한마음 한뜻으로 좀 더 살다 가시지
그렇게 어질고 선한 모습에 그만
눈시울을 적시며 한숨짓네

그대는 죽어서도 모든 이가
참 좋은 분이셨다고 말하며
이 세상에 그런 분이
살아계셔야만 한다고
입을 모아 찬사를 하네

운명

세상살이 온갖 시름 엮어서
아롱다롱 얼룩이지며 가네

상처받으며 아픔을 잊으려다
늦은 밤 창가에 앉아서
상처투성이 되어 잊을 길 없던 그날
어디선가 나를 부르며 잊으라하네

가슴앓이하며 희미한 달빛에
슬프고 외로워도 그런대로 가라하네

눈시울에 젖어가며 가라하네
희미한 추억이라 함께 가라네
가기 싫어도 가야할 운명이라네
그 모든 것을 잊으며 그대로 가라하네

첫 만남

살기 싫은 세상을 헤메일 때에
그 사람이 나를 찾아왔었네

그 어느 날 크리스마스이브에
중구 명동 2가 1번지 아주 작은 방에
외로운 크리스마스 추리가 반짝거리네

성탄 축일이라 거리는 눈부시고
수많은 인파들이 모여들었네
명동거리는 화려하지만
아기 예수님은
마구간 구유에 태어나셨네
그렇고 보면 예수의 마구간보다
이 작은방이 너무나 죄스러라

그 사람은 규성이와 함께
명동성당에 성탄절 미사 봉헌하고
이 작은 방에 찾아와 아무것도 없는
나를 보고 성탄축하 파티도 없냐 하며
먹을 것 좀 대접하라 한다
한 고향 사람이지만 나는 여자
그 사람은 남자라고

이런 세상

이 세상에서 당신만이 나를
믿어주고 보듬어주고 아껴주던
그대는 머얼리 떠나버리시고
그런 세상에 나를 버리시니
이제는 믿고 따르고 싶은 이 없는
각박한 세상에서 삶이
얼마나 외로워 견딜 수 없음에
영원하신 그분을 알아보지 못하고
그대의 그리움에 눈이 시리도록
못 견디게 그리려하다가 지쳐서
이대로 숨이 멎을 것만 같아라

하마 같은 인생

그대는 나를 보고 떠나기 전에
귓속말로 전해주며 속삭였지
사람은 신이 아니기에 늘 변한다고
너무 믿지 말아야 한다고 했지

그대가 떠나간 뒤에서야 그 말이
실감나게 나를 정신 차리게 하네

우직한 하마 같은 마귀를 알고서
찢어지는 가슴앓이에 못 견디게
죽고 싶도록 그를 알았다는 자체까지
흔적 없이 깨끗이 지워버리고 싶어라

그 거치른 입을 무엇으로 막아버리나
이 세상에 소원이라 하면 그 입을
한평생을 막아버리고 싶어라
또 다른 이의 가슴에 상처가 될까 봐

그대를 믿고 따르는 이의 소원이라
하늘에서 나를 구원해주기를

하마 같은 삶

그 하마 같은 입에서 흘러나오는 소리
숨이 멎어갈 때까지 거짓말 일삼아
입만 벙긋하면 남을 비방한다
그 따스한 해살도 받아들이지 못하고
어두침침한 울안에 모여들어서
지옥 같은 삶에 추구하는 넋두리들
자신의 앞에 닥쳐오는 불행은 모르고
바르게 살려 노력하는 그들을
흠집 내기 일삼으니 그 앞날이
태산 같은 걱정거리 일삼으며
그들의 인생은 그렇게 가다가
종말에 결산의 두려움을 몰라라
한치 앞도 모르는 인생들아

자신들의 책임도 못 지며

시간만 나면 파괴되는 삶을
자신만만하게 저지르면서도
남의 흉거리 일삼는 그들이
어찌 그 후손들이 잘되기를
원하는 그대들이라면 그렇게 살면
아니 됨을 알아야 하거늘
어리석게도 그 짓으로 생을 유지한다면
하늘의 축복을 거절하는 삶이라

자식들 앞에서 부끄럽게 살지 말아야
그 자식들의 엄마 모습을 아쉬워하며
엄마에 대한 사랑을 느끼리라
하루속히 자식에게 남겨주는
재산이라면 엄마의 모습이라
눈만 뜨면 양심의 소리를 들으며
그들이 하루의 삶을 반성했으면

돌을 던지지 말고

바르게 살아가는 이들에게
돌을 던지거나 물을 뿌리면
부메랑이 되어 자신에게
분명히 되돌아가는 인생이라

하루의 삶이 바르게 가기를
저녁이면 반성과 명상에
조용히 자신의 양심의 소리를
들을 수 있는 이는 행복하다

하느님께서도 용서를 비는 이에
그자는 용서를 해주신다고
약속하셨기에 믿고 따르며
하루의 삶을 용서하리라

믿고 그분의 말씀을 들으리라

다시 볼까 두려워라

아무리 그날이후부터는
그 끔찍한 그 목소리에
소름이 끼치도록 무서운 인상
그 입에서 추악한 소리가
흘러나오는 목소리가 지금도
너무나 추악함에 더러움에
그만 하마가 허우적거리며
달려오는 것만 같아라

꿈에라도 보일까봐 두려움에
무직한 그 헛소리가 더러워
생애에 그 어디서라도 마주칠까
소름이 끼쳐 오르네
다음 후세가 있다면 다시 그들
없는 세상에 살고 싶어라

그런 분이

말보다는 같은 침묵으로
행동으로 앞서가시는 분
묵묵히 생각하며 매사를
움직이시는 그분을 바라보며
가슴으로 살펴보는 그분
진살한 그 모습에 머리 숙여
겸허한 그 자세만 보아도
존경스러움에 그만
자신의 모습을 살피게 하네

그분의 꿈이 이루어지면
그 모든 이에 희망을 실어주는
등대지기가 되어 주었으면
가슴으로 염원하는 그분이기를
곧고 바른 그분의 꿈이 되기를
간절한 기도를 드리면서
어둠에 잠긴 이 구석 저 구석
햇살이 되어주기를 희망하며

추운 이 겨울

찬이슬에 스치우다
눈보라가 치던 그제 밤은
너무나 춥고 길기도 하다
외로운 바람소리에 그만
그분이 오시려나 기다리다
깜빡 잠이 들어 버렸네

젊었을 때 출근하던 그 모습을
현관 앞에 들어서서 빙긋이 웃으며
물끄러미 바라다보다가
바람과 함께 소리 없이
온데간데없이 사라지네
깨어보니 허무한 꿈속에서

소쩍새가 되어

햇살에 기대다가 밤이 오면
달님과 함께 구름 따라
하늘에 쏟아지는 별들 보며
거짓 없이 꾸밈없이 그대로
아롱다롱 엮어서 왔노라고
진실 된 고백을 하리라

그 한세상을 소리 없이 울다가
지쳐서 마지막 소리 내면
출렁이는 파도에 밀려
이 아픔 저 아픔 검은 그림자
훨훨 떨어 버리고 가리라
슬피 우는 소쩍새가 되어가네

아픔을 잊으려고

살아생전 미안하다
그 언제나 고마워하던
그 말밖에 남겨두고 떠나버린
당신의 그 속을 모르겠네

왜 그렇게 늘 지켜주더니
언제나 아껴주고 믿어주던
그대가 없는 이세상이 너무나
두려워서 못 견디게 그리워라

이제 나는 마음 놓고 털어놓고 할
아무도 없는 외톨이가 되어서
생을 마감하는 순간에도
의지할 사람도 아무도 없어
외로운 외톨박이가 되어가네

외로운 삶

점점 멀어져가는 그 길이
왜 이렇게 잊지를 못함에
가슴앓이 하다가 그만
세월만 재빠르게 흘러가네

그 모든 것은 잊어버리고
마음을 새롭게 다지며 가려네

그렇게 뜻대로 이루지 못함에
슬퍼하며 외로워하다 지치면
바보처럼 한세상을 한에 서려
어찌 눈을 감고 떠나려 하는지

내일의 꿈도 없이 그렇게 살다
아무도 모르게 숨의 마감이 되어
너무 외로워 하다가 외로이
인생 여행을 하고 왔다 하겠지

눈꽃에 젖은 눈물

눈꽃이 나풀거리며 내리네
얼룩이진 세상을 하얗게 덮어주네
첫눈이 내리면 만나서 차 한 잔을
따스하게 나누며 눈꽃처럼 닮은
낭만적인 삶의 꽃을 피우자 하던
그 사람도 이제는 어디로 가고
그렇게 하얀 세상을 즐거워하며
한계령으로 달려주던 그 사람도
모두모두 영원히 떠나버리니
삭막한 이 겨울이 너무 추워서
싸늘한 바람이 스치우다
내 마음까지 싸늘해 옴을
가슴쓰리도록 아픔이 오네

늘 따·라·다·니는 사·람

여전히 옆에서 지켜주는 사람
눈앞에 아른거리며 떠나지 못함에
가슴앓이 하다가 너무 아파라
숨조차 쉬기가 너무 괴로워라

허탈하고 허전하여 이 생각 저 생각에
밤이 새도록 고민하다가 불안하여
앞날이 까마득하게 보이지 않아
막연한 이 삶을 어찌하랴
어떻게 그를 잊어버리고 살아하는지
아무리 노력해도 잊을 수 없음에

정신병자처럼 그의 목소리가
생생하게 귓전에 들려와
다시 정신을 차리고 보면
분명히 그분은 가버리셨는데
아직도 옆에 살아있음이라

잊으려고

잊어야지 그 모든 것을
오늘도 그대의 모습을 지우려고
눈을 감고 길을 나섰더니
더 한층 그리움에 그만
눈시울에 젖어 물체도 분간 못하고
앞에서 다가와 정신 차리라 하네
이제는 정신력까지 흐려져 가
아무런 살아야할 의무조차
잃어버린 지친 삶에 의욕을
허공에 헤메이고 풍선처럼
텅 빈 가슴이 터질 것만 같아라
세찬 바람에 스쳐옴에
정신을 가다듬어 걸어가네

밤길을 가네

삼십년 전에 떠나간 언니가
나를 태우고 달려가다가는
홀로 내려놓고 어디론지 사라지네

어둠에 쌓인 밤길에서
두려움에 몸서리치며 웅크리고 기다리다
지쳐서 앞을 보니 영영 오지 않아
외로운 그 길을 홀로 걸어가고 있네

방황하다가 혼자서 쓸쓸히
앞만 보고 희미한 밤길을 가다
정신차려보니 아무도 없는 밤길에
외로움으로 웅크리며 가다가
돌이켜 보려는데 꿈이었네

6부

님은 머어언 곳으로

가고파라(1)

영원히 그곳으로 따라 가고파
그 등대지기는 나를 버리고 떠나버렸네
나의 주변에는 아무도 없이
어드메로 가버렸는지 외로워서
오늘도 이렇게 방황하다가
텅 비어버린 마음
텅 비어버린 집

들어오던지 나가던지 아무도
나를 살펴주는 이 없는 외톨이
언제나 들어오거나 나가거나 외톨이
기다려 주는 이도 없는 처절함에
그만 너무나 외로워 슬퍼서
그대 따라 영원히 가고파라
아주 미련 없이 당신 따라 가리라

불러보네

가슴 아프다 가슴아파라
당신만이 떠나시지 않았으면
마냥 행복에 넘쳐흐르는
미소를 지으며 당당하게
이 순간에도 남들이 부러워함에
어쩌다 이렇게 되었음에
쓰리다 못해 저려옴에 슬퍼라
불러도 그렇게 목이 메이도록
소리쳐 울고 싶어라
이 가슴이 터지도록 부르다가
지쳐서 쓰러질 것만 같아라

마·지막 해는 저물어

얼룩 투성이 되어버린 석양을
등에 지고 유유히 달리는 길목에
망부석이 되어 갈 길을 잃었네
덧없는 세월에 파도처럼 밀려와
출렁이는 바닷가에서 서서
물새가 되어 훨훨 창공으로 날아가
머얼리 떠나가신 님을 찾아
가고파라 가고 싶어라

파도가 쓸고 간 모래빛에
학이 되어 발 돋음 치네
애타도록 오시려나 기다리다
어느덧 눈발이 흰나비처럼
날아와 쓸쓸한 가슴을 울리네
행여라도 오시려나 눈이 시리도록
이미 이 세상 사람이 아닌 것을
허공에 찬바람만이 스치우네

그리움(3)

오늘도 바보처럼 기다리다
서산너머 마루턱에서
허공에 부르다가 지쳐버린
텅 빈 가슴으로 휘청거리네
쓰리다 못해 저려옴에
눈시울이 흠뻑 젖어들어
이제는 앞길이 어둠에 쌓이고
어디로 가야할지 잃어버린 삶
모퉁이에 서서 갈 길을 머뭇거리다
그만 소중함을 잃어버린
초라한 내 모습이 처량하다
그리움으로 침울해진 상처에
오늘 하루도 그대를 그리려다
모래성처럼 부서져가네

꿈길에서

잠결에 주고받은 이야기는
그 모두가 꿈이었네
물끄러미 찾아오시어
빙그레 웃다가 사라지네
침대위에서 뛰어 내려가
현관문을 보니 그대로 잠겨진 채로
너무도 신기해서 옆에 있던 당신은
온데간데없이 사라져가고
찬바람이 스쳐오던 방문을
살그머니 닫아주고
분명히 이불을 끌어당겨다가
덮어주며 나가던 뒷모습에
쫓아갔으련만 아무도 없는
나는 혼자서 밤을 지새우네

외로운 길

가던 길을 잃어버리고
방황하고 헤메일 때에
그대는 나를 잡아주며
세상살이가 싫어 살고 싶지 않아
동분서주하며 포기한 삶
그런 나를 웃게 해준 그 사람
그제서야 살아야 할 이유를
알게 해주었던 그 사람은
어드메로 떠나 버리시니
소중한 그 모두를 앗아가버렸네
싸늘하게 식어가는 가슴은
그대의 그리움으로 차오르고
오늘 하루도 오솔길을 걷고 있네

그리워라 보고파라

사무치게 그리워라 보고파라
그리움은 아파서 힘겨워라
어드메로 흔적 없이 가버리니
허허벌판에 허수아비처럼
비바람에 허우적거리네

싸늘한 바람결에 흐느끼며
오늘도 허공에 부르다가
지쳐버린 초라한 삶에
흐느끼다 낙조에 그만
눈시울을 흠뻑 적셔버리네

극진히도 한평생을 살펴주다
어드메로 흔적도 없이 사라지고
흐느적거리는 갈대밭에서
그대를 기다리다 망부석이 되어가네

가·고파·라(2)

외로워라 너무 외로워라
혼자 이렇게 앉아 있으니
눈물이 정신없이 흐르네
왜 이렇게 당신 없이는
진정 하루하루 삶이
슬퍼서 못 견디겠네

가슴이 메어지도록 아파서
숨을 쉬기에도 이 아픔을
언제까지 외로움에 쌓여
당신이 너무너무 그리워서
숨이 멎을 것만 같아라

이대로 나를 데려가시옵소서
당신 따라 가고파라 가고 싶어라
너무 외로워서
당신 없는 세상이
너무 슬퍼서 못살 것 같아라

못 견디게 아파라

아침 햇살에 눈을 떠보니
당신의 빈자리가 언제나
내게 뼈를 깎는 아픔으로
머리서부터 발끝까지
저리도록 너무 아파라

이렇게 눈이 시리도록 보고파
당신이 거닐던 그 길을
힘없이 나섰더니 흔적은
지금 이 순간에도 스쳐만 가고
울적한 하루는 노을이지네

희망도 희미하게
머얼리 사라져만 가네

슬픔에 석양은

누군가가 석양은 아름답다 하더니
왜 이리도 노을은 슬픔에 사무쳐
흐느적거리는 갈대 잎처럼
밀려왔다가 쓸고 가는 파도처럼
이 한 몸도 함께 쓸려갈 것만 같아라
아무런 미련조차 없는 이 삶이
언제까지 쓰라리운 아픔으로
숨을 쉬지 못해 멍이 들어버리네
가도 가도 끝이 보이지 않아
그대와 함께 따라가고 싶네
이대로 숨이 멎을 것만 같아라

나 혼자란 삶

당신이 없는 이 세상에서
나 혼자서 살아가는 삶이
오늘따라 왜 이리도 쓸쓸함에
당신 없는 이 삶이 외로운지

그 모든 것을 다 잃어버린 심정
너무도 가슴 저리도록 아파라
이리가도 저리가도 허탈함에
남기고간 흔적이 이토록 그리워

정신없이 동분서주하다가 그만
정신없이 눈물이 쏟아져 보이지 않네
석양을 등에 지고 쏟아지는 별빛에
싸늘한 바람결에 허우적거리네

허허벌판에 흔들거리는
허수아비처럼
바람 따라 흔들거리네

혼자란 생각에

이 세상을 다 잃어버린 심정에
오늘따라 왜 이리도 쓸쓸한지

당신이 없는 이 삶이
얼마나 아픔에
아무 것도 이제는
잃을 것조차 없음에
가슴이 저리다 못해
명치끝이 아파라

이리가도 저리가도
허탈함에
당신 흔적 때문에
이토록 아파서
정신없이 동분서주하다가 그만
석양이지고 별빛이 쏟아지는
허허벌판에 허수아비 되어
소슬한 바람결에 허우적거리네

허탈한 순간에

너무나 무정하신 하느님이시여
저의 가장 소중한 꿈을
송두리째 빼앗아버리시고
이제는 살아야 할 이유도 없이
가슴앓이에 너무나 아파서
그렇다고 따라서 함께 갈수도 없는
이 신세라 죽지도 못하고
허무하게 허탈해서
당신과 나를 떼어 놓으신
그분이 너무나 야속합니다
함께 차라리 데려 가시옵소서

당신은 어드메로

집에 들어서면 베란다에서
나를 보고 빙그레 웃으며
반겨주던 그대는 어드메로
다정한 목소리 들려오듯이
어제도 오늘도 가슴 타 들가고
차라리 눈이라도 펑펑 쏟아지렴
애타는 이 가슴 흠뻑 젖어버리고 싶네

당신 없는 이 세상에 살아서
숨을 쉬며 움직이는 나에게
기적은 행여라도 있으련지
떠나간 영혼이라도
그리워하며 살아가는 동안
이 세상을 하직 그날까지
그대를 그리워하다가

앞길은 어드메인지

왜 이렇게 하루가 길기만 하는가
밤인지 낮인지 분간을 못하고
당신은 내 옆에 있는 것만 같아라
엊그제만 해도 한 식탁에 앉아
따스한 밥을 나누며 오순도순
서로가 더 먹으라 권하였으련만
당신은 온데간데없어라
수저를 떨구고 우두머니가 되었다가
정신차려보면 당신은 온데간데없이
어드메로 사라졌는지
너무 너무나 그리움에 그만

사무치게 그리움

가슴앓이로 명치끝이 아파라
사무친 그리움에 보고파라
등대지기는 떠나버리고
등대불빛마저 꺼져버리어
허허벌판에 허수아비처럼
바람이 불어 허우적거리다
싸늘한 바람결에 흐느적거린다

극진히 나를 지켜주시더니
그렇게도 알뜰히 보살펴주던
그대는 어드메로 가버리고
오늘도 허공에 부르다가
애타도록 부르다가 지쳐버린
초라한 이 삶은 누구를 위하여
세상에 남아있는지 모르고 살아가네

외로움은 뼛속으로 파고들고

살아있음에 숨소리가 들리네
죽지 못해 당신을 따라 못가고
오늘도 노을져가는 슬픔에
그렇게도 석양이 아름답다더니
반짝이는 해오라기에 눈부시더니
오늘따라 왜 이리도 슬픈지
캄캄한 절벽에 매동거리는
명치끝자락까지 아파 못 견디네

그 어떤 이는 살아있음이 행복이라
노을이지는 석양마루턱에서
망부석에 눈시울이 흠뻑 젖어
그 싸늘한 비바람에 젖어
뼛속까지 파고들어오는 외로움에
너무 너무 아픔과 그리움에
애통하다 흐느끼는 이 아픔을
당신은 듣고 나 계시 온지

슬피 우는 두견새

살아있음에 숨 쉬는 소리 들려오네
죽지 못해 당신을 따라가지 못함에
오늘도 노을져가는 서산마루턱에서
그렇게도 아름답다하던 석양에
반짝이는 해오라기에 눈부시던 날
엊그제 함께 거닐던 바닷가에서
마냥 행복한 줄만 알았던 그날
한치 앞도 모르고 그저 화려한 꿈은
물거품이 되어 끝자락이 보이지 않네

오늘따라 왜 이리도 이슬에 젖어
명치끝이 너무도 아파라 슬퍼라
캄캄한 절벽에 매동거리는
끊어진 연줄이 되어 너덜거리니
싸늘한 비바람에 정처 없이
창공으로 날아가며 슬피 우는
두견새가 되어 뼛속까지 스며드네
너무나 슬퍼라 보고파라 그리워라

인생이란

괴로움도 상처도
잠시 구름 흘러가듯이
가버리는 것을 아파했네
속절없이 인생은 외로워도
방황 속에 푸릇푸릇하던
청춘도 덧없이 가버리네
되돌아올 수 없는 인생인 걸
이제 와서 후회한다고
그 무엇이 달라지나
그 모든 것이 허무함에
흐느끼다가 꿈이었다고
흘러가는 달빛에 젖어
별빛아래서 흐느껴 우네

님은 머어언 곳으로

영원히 떠나버리시니
짝 잃은 기러기는
훨훨 나르기라도 하지만
왜 이렇게 쓰러져만 가는지
허허 벌판에 서 있는
허수아비처럼
바람이 불어오면 흔들거리고
눈이 오면 그대를 맞으며
정신 나간 우두머니처럼
움직이지 못하는 바보 되어
털어버리지 못하는
논두렁에 망부석이 되어가네

석양이 슬퍼지네

할 수 있는 게 아무것도 없어라
구겨진 삶에 슬퍼하지 않으리
쓰러지는 그날까지 그대 생각
내 기억이 사라질 때까지
그를 영원히 사랑했다고

외롭고 싸늘한 삶에서
그대의 진실했던 기억들이
잊지를 못하고 너무나 그리워
생생하게 떠오르는 순간마다
아무리 잊으려 해도
잊지 못하고 헤메이네

청춘은 노을이 질 때

연둣빛이 찰랑이던 그 시절
질푸른 산골짜기 등성을 넘어
굽이굽이 돌고 돌다보면
진달래꽃이 붉게 타오르고
언덕에 서서 푸른 바다에
초록 꿈을 실어보냈어라

저 푸르른 수평선 너머
그 누가 살길래 평화로움이 ……
내 청춘은 등대지기처럼
출렁이는 파도에 꿈을 실어 보냈어라

빛바랜 내 꿈은 어디에
바람 잘 날 없던 내 삶도
구겨졌던 지난날들이
나를 이렇게 후회스럽게 하네

당신 생각뿐

너무합니다 너무하십니다
너무나 아프고 너무나 슬퍼라

견딜 수 없게
그리움으로 차오르고
얼룩투성이 되어 휘청거리며
구름에 묻혀 달빛에 어리어
찬이슬에 젖어서 갈 길을
어드메로 어떻게 가야하는지
목적지를 잃고 갈길 보이지 않아
오직 그대 곁에서만이 머물고 있네

까맣게 태워버린 이 밤을
못 다했던 사랑만이 떠오르네

저 하늘에 별빛은 쏟아지고
세상을 떠난 그를 못 잊어서
이렇게 나는 슬퍼서 눈물짓네

고별

청천벽력 같은 이 순간을
떠나는 마음 보내는 마음을
나는 어떻게 어쩌라고
그 한마디 전하고 싶은 말
당신을 사랑했었다고 그 한마디
조용히 들려주고 싶었는데
바보처럼 영영 못했음에
이별에 슬픔으로 가슴에 묻고
얼룩이진 오늘 하루도 이렇게
떠나버린 슬픔에 멍이 들어
못 잊어서 그리움에 이슬이지네
너무나 아파서 답답해서
구름에 묻혀 노을이지네

치유문학적인 서평과 해설

참 좋은 당신 앞에서

시목 **김 성 구** 박사
국제문학 발행인
한국문인협회 회원

내가 조규옥 시인 부부를 처음 만난 것은 울릉도행 선상에서였다. 국제문학 주최로 선상백일장을 실시하였는데 두 분도 즉석 시를 써서 제출하였고, 국제문학에 수록하였다. 그 이후 어린이대공원에 야외도서관을 만들기 추진을 하면서 많은 이야기를 나눌 수 있었다.

특히 조규옥 시인의 부군이신 고 김형태 선생은 참으로 훌륭한 분이셨다. 이런 저런 설명보다 고 김형태 선생이 평생을 수행하였던 고 김수환 추기경의 말을 인용하면 어떤 분이었다는 것을 한마디로 표현할 수 있다 생각해서 일화를 소개한다.

어느 분이 김수환 추기경에게 물었다.

"추기경님도 존경하는 사람이 있습니까?"

아마도 사회적으로 존경을 받는 분이기에 그분이 존경할 사람은 과연 어떤 분일까 하는 생각에서 던진 질문이었을 것이다.

대답은 이러했다.

"저도 존경하는 사람이 있습니다."

질문자는 궁금증이 증폭되어 대답을 요구하는 질문을 했다.

"그러면 그 분을 우리에게 소개해줄 수 있으십니까?"

김수환 추기경은 지체하지 않고 다음과 같은 대답을 했다.

“제가 제일 존경하는 사람은 저기 저분 ‘요한’이입니다. 정말 훌륭한 분입니다.”

요한은 고 김형태 선생의 세례명이다. 지금까지 수많은 수행비서 및 신도들을 만났지만 요한이 만한 사람은 만날 수 없었다는 것이 김수환 추기경의 대답에 대한 배경이다.

두 분이 만나게 된 것은 고 김형태 선생이 근무하는 출판사에 명동성당 김수환 추기경으로부터 스카우트 요청이 왔다. 그렇게 만난 인연으로 김수환 추기경의 그림자가 되어 전국으로, 교황청까지 모시고 다녔다. 함께 있어보니 그의 성품이 예수님 닮았기에 김수환 추기경까지 반해버린 것이었다. 그가 명동성당에 소속되어 31년 동안 근속하고 소임을 다한 후 정년퇴임을 한 후 아내와 함께 여생을 보냈다.

그는 고 김수환 추기경의 임종 직전에 한 말을 통해 “요한이는 내가 큰 선물을 주었는데 왜 고맙다는 말을 안 하지?” 하는 말을 들었다. 당시에는 그게 무슨 말인지 몰랐으나 이후에 깊이 생각해보니 당시의 정황을 보아 자신에게 주기로 약속한 것이 배달사고가 났다는 것을 직감했다. 그 것 마저 주님께서 간섭하셔야할 것으로 믿고 덮어두었다. 이제 그 일과 연관된 사람들은 다 영원히 그 곁을 떠나버렸다. 그저 나의 삶이 그분 앞에서의 삶이되기 위해 밀알처럼 살다 간 것이다.

조규옥 시인의 시집 〈참 좋은 당신〉을 읽으면서 그 성품을 또한 느낄 수 있었다.

조규옥 시인이 그렇게도 그리워하고 애절하게 부르는 남편에 대한 노래는 아직 끝나지 않았다.

조규옥 시인의 시집 〈참 좋은 당신〉은 1년 전 전염병 메리스에 의해 치료를 제대로 받지 못하고 급작스럽게 떠난 남편을 그리며 토해낸 글이다. 시인은 남편과의 사별 후 마음으로 겪고 있는 솔직한 심정을 〈참 좋은 당신〉 시집에서 다음과 같은 시어들로 애절하게 표현하고 있다.

급작스럽게 당한 남편과의 영원한 이별에 대한 현실은 조규옥 시인에게 있어서 '하늘이 무너지고 땅이 꺼진 것[1]'이다. 이런 상황에 시인의 마음과 육체는 "갈기갈기 찢어지는 아픔"[2]으로 "숨이 차올라 멎어버릴 것"[3] 같은 심각한 가슴앓이[4]를 앓으면서 "가슴이 저려서 못 견디겠다"고하소연하고 있다. 이런 심정은 자녀들도 이해할 수 없었을 것이다.

이처럼 평생을 의지하고 살아오던 임에 대한 상실은 고독이라는 불청객이 대신하려고 수시로 들이댄다.

1년 전, 필자는 조규옥 시인에게 이러한 문제들을 이기기 위해서 그 심정 그대로 편지 쓰듯이 날마다 쓰기를 조언한 적이 있다. 만날 수 없다면, 대면하여 말할 수 없다면 글로 써서 마음을 표현하는 것도 문학치료의 한 방편이기 때문이다.

조규옥 시인은 이렇게 시를 쓰면서 상처 받은 가슴을 조금씩 치유하며 1년의 세월을 역류하듯 살아왔다. 계속해서 그의 시어 속에 나타난 마음들을

---

1) 저자의 말(6쪽), 마지막 숨을 거두시니(16쪽), 한마디 작별인사도 없이(53쪽)
2) 마지막 숨을 거두시니(16쪽), 삼오제라(21쪽), 이럴수가(22쪽), 조건 없는 사랑(79쪽)
3) 마지막 숨을 거두시니(16쪽), 숨이 멎을 것 같아라(24쪽), 가슴앓이(26쪽), 너무 아파라(36쪽) 처량한 신세(38쪽), 가슴이 아파(42쪽), 한마디 작별인사도 없이(53쪽), 2015년 7월 15일은(74쪽), 머물고 싶지 않아라(77쪽), 잊으려 하는데(102쪽), 이런 세상(122쪽), 가고파라2(145쪽), 슬픔에 석양은(147쪽),
4) 저자의 말(6쪽), 가슴앓이(26쪽), 참 잊으려는데(39쪽), 석양에(45쪽), 너무 허무한 순간(52쪽), 2015년 7월 25일(74쪽), 운명(120쪽), 하마 같은 인생(123쪽), 외로운 삶(132쪽), 늘 따라다니는 삶(134쪽), 허탈한 순간에(150쪽), 사무치게 그리움(153쪽)

살펴보자.

가족을 잃는 다는 것은 마음에 심한 상처를 남기는 것이다. 조시인은 자신의 모습을 상처[5]투성이가 되어 버렸다고 고백한다.

상처투성이가 되어버린 나를/ 미련 없이 이대로 가고 싶어라/ 당신 곁으로 따라가고 싶어라/ 영원한 그곳으로 가고파라

- 삼오제라- 중에서

시인은 상처에 대한 괴로움을 미련 없이 당신 곁으로 따라가고 싶다. 영원한 그곳으로 가고프다고 절규한다.

시인의 가슴에 패인 상처는 깊은 계곡의 물처럼 아픔만 흘러간다.

아픈 상처를 가슴에 안고서/ 오늘도 이렇게 잊지 못함에/ 석양에 노을 지는 슬픔에/ 갈 길을 멈추고 나를 돌아보며/ 이제는 슬픈 노을이 지누나

-슬픈 노을- 중에서

시인은 깊은 상처로 인하여 슬픈 노을처럼 지고 있다고 본다.

시인에게서 남편과의 사별은 모든 것을 빼앗겨 버린 삶이었다[6]. 살아야할 이유도 없이 먹구름만 뒤덥힌 하루하루뿐이었다.

---

5) 삼오제라(21쪽), 이럴 수가(22쪽), 길을 나섰더니(49쪽), 인생살이(69쪽), 병든 사람들(99쪽), 운명(120쪽), 하마 같은 인생(123쪽), 그리움9141쪽), 인생이란(156쪽)

6) 이럴 수가(22쪽)

그 모든 것을 빼앗겨버린 삶은/ 살아야할 이유도 없이/ 오늘하루도/ 이렇게 덧없이/ 먹구름만 묻혀가고 있네

-이럴 수 가- 중에서

그러나 상처만 부여잡고 살아갈 수 없는 법, 시인은 스스로 견디어가는 법을 터득한다. 이 아픈 현실을 받아들여야 한다는 고통이 있지만 일평생 신앙하여 온 주님에 대한 믿음으로 일어설 힘을 얻는다.

세상살이 온갖 시름 엮어서/ 아롱다롱 얼룩이지며 가네/ 상처받으며 아픔을 잊으려다/ 늦은 밤 창가에 앉아서/ 상처투성이 되어 잊을 길 없던 그날/ 어디선가 나를 부르며 잊으라하네/ 가슴앓이하며 희미한 달빛에 / 슬프고 외로워도 그런대로 가라하네/ 눈시울에 젖어가며 가라하네// 희미한 추억이라 함께 가라네/ 가기 싫어도 가야할 운명이라네// 그 모든 것을 잊으며 그대로 가라하네

-운명- 전문

조시인은 그 모든 것을 잊으며 그대로 가라하는 음성을 듣고 주저앉았던 몸을 일으킨다. 그러나 현실은 그렇지가 않다. 한걸음 앞으로 나아가려고 하면 외로움은 뼛속으로 파고 들어온다. 눈앞은 캄캄한 절벽에 매동거리는 끊어진 연줄이 된 자신의 모습이 보인다. 절벽에 매달려 흔들거리는 이 삶을 어찌 살아야할지 앞은 안개 자욱하고 캄캄한 절벽이다. 살아갈 수도 없고, 죽을 수도 없다.

바다에 떠 있는 배 한척, 등대의 불빛에 의지해 방향을 찾아가는데 밤마다 불 밝혀주던 등대지기는 떠났다. 영영 돌아올 수 없는 곳으로 떠난 것이다.

깊은 밤 등대의 불빛이 꺼진 것이다.

든든한 등대지기 되어주던/ 그대는 한 많은 세상을/ 훌쩍 떠나버리셨네//

-그대의 세월- 중에서

이제는 나를 극진히도/ 지켜주던 등대지기도/ 떠나버린 골목길 인생// 여행길이 너무나 외로워/ 슬픔에 흐느끼며 떨고 있네//

-슬픈 나그네- 중에서

등대지기만 바라보며 살아온 삶/ 등대지기는 온데간데없고/ 등대의 불빛은 꺼져 버리고/ 안개가 자우룩하여 보이지 않네//

-등대지기- 중에서

시인 곁에서 떠나버린 등대지기 남편이 없는 현실에 대한 표현은 수없이 반복되고 있다. 견디기조차 힘든 그 삶을 누가 이해할 수 있겠는가. 스스로 이기고 일어서야 하는 홀로서기는 너무나 가혹하다. 그 절절한 절규를 들어 보자.

"이대로 미련 없이 떠나고 싶어라"
"당신 곁으로 따라가고 싶어라"
"차라리 이대로 가고 싶어라"
"숨조차 쉬려해도 숨이 차오르네"
"숨이 막혀 멎을 것만 같아라"
"생지옥이라 살고 싶지 않아라"
"눈이 시리도록 보고파라"

캄캄한 절벽에 매달려 있는 시인은 육체적 통증이 가중되어 온다. 시인은 계속해서 명치끝이 아프다는 호소를 한다.

명치끝자락까지 아파 못 견디네
- 외로움은 뼛속으로 파고들고- 중에서

명치끝이 아파라
-혼자라는 생각에- 중에서

가슴앓이로 명치끝이 아파라
-사무치게 그리움- 중에서

오늘따라 왜 이리도 이슬에 젖어/ 명치끝이 너무도 아파라 슬퍼라
- 슬피 우는 두견새- 중에서

조규옥 시인의 남편은 지상에서 최고의 남편이었다. 시인의 남편에 대한 신뢰를 보자.

당신의 정직한 그 모습에 그리워하며 그렇게 나를 아껴주고 챙겨주었다가 어느 날 홀연히 사라진 것이다. 그 허전함은, 그 고독함은 견딜 길이 없는 것이다. 이대로 천년을 산다한들 그대 없이는 못 살겠다는 절규의 고백이 조규옥 시인의 시집 〈참 좋은 당신〉이다. 이 시집은 골라 읽지 말고 처음부터 끝까지 다 읽으면 무엇인가를 알게 될 것이다. 인생을 조금은 느끼고 부부가 어찌 살아야 하는지도 도전을 받을 것이다.

사랑하는 이와의 사별을 현실적으로 받아들이고 마냥 슬퍼만 할 수 없음을 시인이 신앙으로 슬픔을 달랬음을 알 수 있다. 그러나 그리움은, 고독함은 사라지는 것이 아니다. 날마다 싸워야한 시인의 전투인 것이다.

시인은 사랑하는 이와 함께 거닐던 바닷가에서 행

복했던 추억을 떠올리며, 한치 앞도 모르고 그저 화려한 행복만 꿈꾸던 것이 물거품이 되었다면서 너무나 슬프고 보고프고 그리워 앞산에서 슬피 우는 두견새가 되어 울고 있다. 지난날 삼백예순날을 슬픈 두견이 되어 긴긴 밤을 눈물로 강을 이뤘다.[7]

시의 제목에서만 봐도 그리움은 하늘 끝까지 닿아 있음을 알 수 있다.

'그리움에 젖어', '그리움'(1)(2)(3), '그리움은 슬퍼라', '그리움만 노을 지고', '사무치게 그리움' 등으로 지어졌고, 시의 내용 중에서도 그리움은 시인의 깊은 마음의 생각을 드러내고 있다. 시인의 그리움은 이렇다.

'사무친 그리움', '아픔과 그리움'[8], '견딜 수 없는 그리움'[9], '못 잊어서 그리움'[10]이다.

얼마나 그리웠기에 '그리움에 가슴만 찢어져 너덜너덜' 하였으며, 그저 모든 게 물거품 되었다고 한다.

온 집안 공기는 슬픔의 바람이 폭풍처럼 불어치고 있어 한순간도 정신을 차릴 겨를이 없다.

외출했다가 대문을 열고 들어와 삼층으로 올라가는 발걸음은 천근만근이다. 계단을 밟는 발은 그리움의 발자국만 남는다. 얼마나 그리우면 못 견디게 그리워 숨이 멎을 것 같고, 미칠 것만 같을 뿐이다. 식음을 전폐하고 죽기를 자처하고 너부러져서 나를 좀 데려가 달라고 발버둥 쳤다.

조시인은 밤마다 찾아와 흐트러진 이부자리를 곱게 덮어주고 살며시 현관으로 사라지는 당신의 모습이 오늘도 생생하다. 그저 옆에 앉아있는 것처럼,

7) 슬피 우는 두견새(155쪽)
8) 외로움은 뼛속으로 파고들고(154쪽)
9) 당신 생각뿐(160쪽)
10) 고별(161쪽)

당신이 부르는 소리에 현관 앞에 우두커니 선다.

오늘도 바보처럼 기다리다/ 서산너머 마루턱에서/ 허공에 부르다가 지쳐버린/ 텅 빈 가슴으로 휘청거리네//

초라한 내 모습이 처량하다/ 그리움으로 침울해진 상처에/ 오늘 하루도 그대를 그리려다/ 모래성처럼 부서져가네//

-그리움(3)- 중에서

오늘도 그리움에 참다못해서 소리쳐 울고 싶지만 살아있을 때에 당신의 조용한 성품에서 나오는 소리를 마음으로 들으며 가슴이 터지도록 아파도 입술을 깨물고 당신을 그리다가 따라가렵니다.

-시인의 말- 중에서

텅 빈 성전에 들어섰네/ 성체조배를 바치려는데/ 하느님의 목소리가 들려오네// 언제인지 너도 잠깐 들렸다가/ 여행을 마치고 돌아올 터인데/ 뭐 그리 좀 먼저 갔다고/ 그렇게 슬퍼만 하지 말고/ 거친 세상이라 하지만/ 아무렇게나 살다오지 마라// 내가 하늘에서 지켜보지만/ 너가 가장 사랑했던 이가/ 더더욱 너를 내려다보고 있음에/ 머물렀던 그 자리를 아름답게/ 살 수 있기를 기도드림을 잊지 마라/ 늘 너의 양심의 소리를 들어라//

-성전- 전문

조규옥 시인이 캄캄한 절벽에서도 떨어질 수 없었던 것은 창조주를 믿는 믿음이요, 생명의 주인이신 주님을 향한 신앙이 있었기 때문이다. 하나님의 음성을 듣는 믿음의 사람으로 아름답게 물드는 석양이 되어갈 것이라 다짐한다.

신앙의 등대불빛을 보고 캄캄한 세상바다를 향해 할 것이다.

언젠가는 우리도 이 세상을 떠나 주님 곁으로 갈 것을 생각하고 세상에 둘 미련들을 하나씩 버려야 할 것이다.

참 좋은 당신은 나를 사랑하사 독생자를 보내주신 아버지이시요,

참 좋은 당신은 나를 위해 십자가를 지신 예수 그리스도이시요,

참 좋은 당신은 나를 어둠 속에서 빛으로 인도하며 동행하시는 성령님이시다.

치유의 삶은 그 분 앞에서 하루하루 살아가는 것이다.

고 김형태 선생은 다음과 같은 문구를 방문 앞에 걸어 놓고 방에 들어가며 나오며 가슴에 새겼고, 그렇게 살다가 갔다.

내 생각과 내 말과 내 행위가
언제나 당신의 마음에 들게 하소서!

오늘도 조규옥 시인은
십자가 지고 가신 주님 바라보며
주신 사명 따라 작가의 길에서
빛이 되어 소금 되어
또 한 권의 치유문학 시집을 출간했다.

조규옥 시집 * 참 좋은 당신

초판발행 2016년 7월 15일

지은이 조 규 옥
펴낸이 김 성 구
펴낸 곳 해와 달 문학관

등 록 일 2007년 2월 7일
등록번호 제2009-000011호

주소
(서울사무소) 서울특별시 은평구 가좌로 7길 9-9(응암동)
소원노블레스 가동 501호
본 사 : 광주광역시 북구 북문대로235. 201호(동림동 유일가든@상가)
전 화 062-431-7271 010-3646-7271

전자우편 E-mail kims0605@daum.net

ISBN: 978-89-94268-64-4 93810

정가 11,000원
Printed in Korea